1970年代～2000年代の鉄道

地方私鉄の記録
第1巻 【南関東編】

江ノ島電鉄・箱根登山鉄道・伊豆箱根鉄道大雄山線
銚子電気鉄道・小湊鐵道・いすみ鉄道・流鉄流山線
秩父鉄道・東武鉄道熊谷線・西武鉄道山口線

写真・諸河 久　解説・寺本光照

流鉄クモハ1200型以下3連　流山行き　鰭ヶ崎～平和台　1981.7.14

1970年代後半になっても昭和初期に製造された電車が残るなど、車両面での立ち遅れが目立っていた総武流山電鉄も1979年から1981年にかけて、西武鉄道501系改造の1200系3本9両の入線により、一挙に体質改善が実現する。さらに移籍してきた1200系に、編成ごとに異なる外部塗装を実施し、利用客や沿線の人々から電車に親しみを抱いてもらえるよう車両色に因んだ愛称の公募を行なう。写真のクモハ1207を先頭とする編成には「銀河号」の車両名が命名され、愛称板も掲げられている。「銀河」はもちろん銀色のシャープなイメージに因んだもの。

.....Contents

うだるような暑さの夏の日、広い関東平野の地平線が見えるような未電化の東武鉄道熊谷線を行くキハ2000型単行の熊谷行き列車。戦時中に工具輸送の必要上、熊谷～妻沼間を突貫工事で完成させた熊谷線は、人口密集地はもちろんのこと、多少の集落にも立ち寄ることなくまっすぐなルートを選択したことで、開けた景色はより広大に見える。

東武鉄道熊谷線 キハ2000 熊谷行き 妻沼～大幡 1981.7.11

表紙：新緑の箱根路を行くモハ2形109号を先頭とする2両編成の強羅行き電車。この先80‰の急勾配の区間を越えれば、箱根駅伝の中継でお馴染みの小涌谷踏切に差しかかる。標高96mの箱根湯本駅を発車した電車は7.3kmの道程で標高523mの小涌谷駅に到着する。つまり、同区間では鉄路と道路の違いこそあれ、電車も駅伝のアンカー・ランナーも400m以上高低差のある急坂をひたすら登り続けるわけである。

箱根登山鉄道　モハ2 109　強羅行き　宮ノ下～小涌谷　*1975. 5.18*

裏表紙：里山風景の中を行く小湊鐵道キハ200型のサイドビュー。1961年から1997年にかけて14両が落成し、2022年までは1両も運用離脱車を出さなかったという「無事是名車」を体現した車両で、私鉄気動車の最高傑作である。国鉄で同期に製造されたキハ20型とはスタイルが類似しているが、正面や側面には私鉄らしいオリジナル性が伺える。

小湊鐵道　キハ200　五井行き　高滝～上総久保　*2009. 3.19*

はじめに

筆者が鉄道出版社勤務からフリーカメラマンに転身したのは1979年初頭のことだった。

前年の1978年、国鉄は経営活性化の旗頭として特急列車のヘッドマークを「絵入り」に変更したため、全国規模の国鉄特急列車ブームが到来した。巷にはオーソドックスな鉄道写真集から幼児向け写真絵本に至るまでの鉄道出版物が氾濫し、鉄道写真の需要が増大していた。筆者もその恩恵に浴することになり、全国的な規模で国鉄列車を始めとする鉄道写真の撮影に邁進した時代だった。

アマチュア時代の筆者は、路面電車や地方私鉄をテーマにした鉄道写真を得意なジャンルにして、全国を渉猟している。プロに転じた1970年代からも、バラエティに富んだ地方私鉄をモチーフにカラーポジ撮影に勤しんだ。この時代の35mm判一眼レフカメラにコダクロームフィルムで記録した地方私鉄作品は、発表の場も少なかったために、ストックフォトとして死蔵されていた。

かねてから、当時の作品群を写真集にする企画を模索してきたが、今般、株式会社フォト・パブリッシングから写真集化のお勧めいただき、既刊の「1970年代〜80年代の鉄道 国鉄列車の記録 北海道編」に引き続き、巻を新たにして本書「1970年代〜2000年代の鉄道 地方私鉄の記録 南関東編」として上梓することとなった。膨大な作品群を会社別に区分して、地方鉄道 南関東編、北関東編 甲信越編などの順で続刊する予定だ。

この時代の主力感光材料がプロから絶対的な信頼を得ていた高解像度で退色に強い「コダック・コダクローム64（KR）」だったことも功を奏し、40余年の時空を超えて鮮明なカラー作品として再現することができた。また、2002年以降のデジタル撮影作品も加えて、地方鉄道の描写に彩を添えることができた。

本シリーズでは鉄道作家の泰斗である寺本光照氏を解説者にお願いして、掲載会社路線の概略や掲出車両の出自等を精緻に解説いただいた。

掲載作品の選定、ページ構成は畏友である寺師新一氏のお手を煩わせた。企画編集にご尽力いただいた田谷惠一氏とともに書上から謝意を表します。

諸河 久

幼少の頃から鉄道に興味を抱いてきた筆者が、本格的に趣味の対象として鉄道情報誌を購読したり、鉄道写真を撮影したりするのは、高校に入学した1965年のことである。鉄道写真家の諸河久氏とは、氏が鉄道出版社勤務だった1971年10月に、東京都内でお会いして以来、半世紀以上にわたってお付き合いをさせていただいている。

今回もご縁があって、「地方私鉄の記録 南関東編」の解説文や写真キャプションの執筆を担当させていただくことになった。本書では1974年から2010年まで約30年近くにわたる南関東の地方私鉄10社10路線を取り上げている。何れもこの写真集のタイトル通りローカル私鉄か大手私鉄のローカル線であるため、華やかな特急列車の出番こそないが、紙面に登場する列車は各社とも個性豊かな面々揃いで、沿線の風景も変化に富んでいる。

大阪府で生まれ育ち、現在も大阪府に居住する筆者は、どうしても趣味・研究の対象となると関西の大手私鉄で、過去に近畿日本鉄道と南海電気鉄道、京阪電気鉄道の3社については著書を上梓したり、複数ページにわたる記事を書かせていただいたりしたことがあるが、南関東は親戚や友人・知人の多い馴染みのある土地といっても、ローカル鉄道は何度も訪れているわけではないので、執筆にあたっては当初はためらいもあった。しかし、諸河氏の列車写真を見ながら拙文を綴っているうちに「現役の鉄道を早い機会に訪れて、列車に思う存分乗ってみたい。」と感じたのが本音である。

廃止路線はもちろんのこと、現役路線でも撮影当時とは、沿線風景がまったく変わっている路線もあるが、写真と解説文で当時を偲んでいただき、現地を訪れていただくことがあれば、これに増した喜びはない。

寺本光照

江ノ島電鉄

　江ノ島電鉄(以下、特別な場合を除き通称の「江ノ電」と記す)は、藤沢を起点に江ノ島を経由し、鎌倉を結ぶ延長10.0kmの普通鉄道線である。その前身は現在の会社とは直接の系譜がない江之島電気鉄道で、同社により1902年9月1日に藤沢～片瀬(現江ノ島)間を開業。1910年11月4日に小町(後の鎌倉)までの全線が開業する。その後、会社は複雑な変遷を経て、1926年7月に設立された江ノ島電気鉄道が藤沢～鎌倉間の軌道事業を譲り受け、現在の江ノ電の歴史が始まる。江ノ電の社名は1949年8月の江ノ島鎌倉観光を経て、1981年9月に現在の江ノ島電鉄に改称されていることも、申し添えておこう。

　江ノ電の起点は建設の経緯から藤沢だが、鎌倉までわずか10kmの距離であるにもかかわらず、線路は急カーブの連続で、車窓風景も市街地から海岸、道路との併用軌道、民家すれすれの路地、山あいと変化に富む。これは藤沢～鎌倉間が軌道法で敷設されたのと、江之島電気鉄道が用地買収費を抑えたのが理由で、そのため、江ノ電は地方鉄道を経て普通鉄道となった現在も営業車両はすべて連接車で、車長は2両で25m前後、車幅も2.5m未満と路面電車サイズなのも納得できる。

　こうした江ノ電も戦後の1960年代には、モータリゼーションの発達により、存亡の危機に立たされたこともあったが、公害問題が出ると鉄道の良さが見直され、さらに青春ドラマの影響などで「江ノ電」そのものが観光地となる。それにより、江ノ電は通勤・通学の地元客のほか、遠来の観光客の利用で、現在ではJRの幹線に匹敵する乗車人数を誇っている。中小私鉄の中には乗客減で、車両の取替えは大手私鉄の中古車に頼る会社が多いが、新製車を製造しているのは特異ともいえよう。

江ノ島電鉄　1000型　鎌倉行き　藤沢駅　2002.4.1

江ノ電の始終着駅・藤沢はJR駅南側の江ノ電ビル内にあり、電車は2階部分にある2面1線のホームに発着する。江ノ電は全線が単線で、しかも3つ先の鵠沼まで交換駅がないにもかかわらず、14分ヘッド(写真撮影時は12分ヘッド)の頻発運転を実施している。そのため、藤沢駅では短い時間での折返し運転を可能にする必要上、ホームは降車用と乗車用に分離されている。写真は鎌倉への折返し運転に向けて待機中の1000型。

江ノ島電鉄　300型　藤沢行き　江ノ島〜湘南海岸公園　1978.12.3

江ノ電は路面電車の軌道条例で建設された経緯で、民家が線路に接近している区間が多い。写真はボギー車を2車体連接車に改造した300型で、古典スタイルのこの356＋306は300型の中ではもっとも早く1991年に廃車されている。

江ノ島電鉄　300型　鎌倉行き　稲村ヶ崎〜極楽寺　1997.3.31

一見複線のような佇まいの稲村ヶ崎〜極楽寺間を行く300型ほか4両の鎌倉行き電車。302＋352の編成はこの日を限りに30年以上に及ぶ営業運転を終了する。

江ノ島電鉄　600型　鎌倉行き　鵠沼　1980. 7.13

鵠沼駅を発車する800型2両編成の鎌倉行きと発車待ちの300型の藤沢行き。800型は戦後の1948年に製造された山梨交通（現・廃止）のモハ7型で、上田丸子電鉄丸子線（現・廃止）を経て、1971年に江ノ電に入線。2両固定編成化（貫通路は未設置）された。江ノ電標準仕様の連接車より車体が長いボギー車のため、収容力面で重宝がられたが、4両編成化できないため、1986年に廃車された。

江ノ島電鉄　300型　鎌倉行き　稲村ヶ崎〜極楽寺　1982.12.21

稲村ヶ崎〜極楽寺間を行く300型2両の鎌倉行き。この区間はわずか800mだが、途中に江ノ電の塒（ねぐら）というべき極楽寺車庫があり、乗客には楽しい。300型301＋351の編成は、次ページと同じだが、本ページは正面窓のアルミサッシ化を施した後なので、それだけでも真新しい姿に見える。

江ノ島電鉄　300型　藤沢行き　稲村ヶ崎〜七里ヶ浜　1980. 7.13

夏祭りで賑う鎌倉海浜公園付近を行く300型301ほか4両編成の藤沢行き。海水浴客と観光客輸送のため、電車は4両で運転。

江ノ島電鉄　300型　藤沢行き　極楽寺～稲村ヶ崎　2000. 5. 9

極楽寺駅近隣の高台から相模湾の方向を俯瞰した写真。藤沢行きの300型電車はカーブ上の踏切を通過した直後に稲村ケ崎
駅に到着する。300型のなかでもこの301＋351の編成はクーラーや密着連結器の取付けが行われ、2007年まで在籍した。

鵠沼駅付近の境川橋梁を行く300型354＋304の藤沢行き。300型でもこの編成は江ノ電初の半鋼製ボギー車100型からの改造で、半流線形の切妻マスクが特徴。前照灯はおでこの1灯だったが、後に下の写真のような姿になり、2005年まで活躍した。

江ノ島電鉄　300型　藤沢行き　湘南海岸公園〜鵠沼　1978. 12. 3

江ノ島電鉄　300型　鎌倉行き　七里ヶ浜〜稲村ヶ崎　2002. 5. 5

海岸沿いを行く「開業100年」の記念シールを付けた300型304ほか4両の鎌倉行き。線路は道路に面しているものの、一段高くなっているので撮影には好都合である。300型304＋354は上の写真の24年後の姿。前照灯は窓下の2灯となり、駆動方式の高性能化や冷房取付けのほか、4両編成対応として、連結器も電気連結器付きの密連になるなど、21世紀を走るにふさわしい姿に改造されている。

全線10.0kmの江ノ電で唯一併用
軌道が残る江ノ島〜腰越間を行
く2000型4両の藤沢行き電車。
2000型は正面に大きな一枚窓を
採用した高性能車だ。併用軌道
の両側には生活感あふれる商店
街が並ぶ。

併用軌道上を行く500型552+502ほか4両編
成の鎌倉行き。500型は江ノ電初の全金属製
電車で、新製当初は曲面ガラスの流線形車体
にクロスシートを採用するなど、ヨーロッパ
の電車を思わせるスタイルだったが、曲面ガ
ラスの分割平面化で、正面は国鉄のクモハ52
型流電に近い形態に変化した。冷房化が困難
だったため、2003年までに引退。

江ノ島電鉄 500型 鎌倉行き 江ノ島〜腰越 2000. 4.28

併用軌道に面した鮮魚店の前を行く1000型1500番代ほか4
両編成の藤沢行き。1000型は1986年の1501+1502から高性
能電車となり、外部塗装もクリーム地に橙と赤に一新され
たが、数年で5ページの写真と同様の塗装に戻された。し
たがって、この写真の車両は復刻塗装である。

江ノ島電鉄　2000型　藤沢行き　腰越〜江ノ島　*2000. 4.29*

江ノ島電鉄　1000型　藤沢行き　腰越〜江ノ島　*2010. 5.19*

江ノ島電鉄　300型　藤沢行き　鎌倉高校前〜腰越　2000.4.29

江ノ島電鉄　500型　鎌倉行き　稲村ケ崎〜極楽寺　2000.4.18

サーファーの姿も見える快晴の七里ケ浜海岸を行く300型305ほか4両編成の藤沢行き。画面左の岸壁の脇を通過し、併用軌道入口の腰越駅に到着する。写真の305＋355からなる編成は300型唯一の現存車で、冷房装置や電気連結器付きの密着連結器が取り付けられているほか、駆動装置もカルダン化されるなど、性能的にも1000型以降の車両に劣らない。"江ノ電の顔"として人気が高く、今後も活躍が期待される。

稲村ケ崎駅発車後踏切を過ぎ、道路と住宅地に挟まれた路線を窮屈そうに走る500型552＋502ほか4両編成の鎌倉行き。前照灯や連結器周りが改造されたあとも、流線形車体や側面の丸まった窓にヨーロッパ的スタイルを残す500型が三角屋根のモダンな洋館の脇を走る姿は、ヨーロッパの市内電車の風景を彷彿とさせる。

江ノ島電鉄　600型　鎌倉行き　稲村ヶ崎〜七里ヶ浜　1974.12.15

600型は江ノ電が鉄道事業経営に苦しかった1970年に、輸送改善のため東急から譲渡された同社軌道線（玉川線）用の80型で4両が入線。
貫通路無しの2両固定編成で1990年まで使用された。晩年は他形式車と同様、前照灯は2灯化され、窓下に移されていた。

江ノ島電鉄　500型ほか　極楽寺車庫　*1978.12.3*

江ノ電の塒（ねぐら）である極楽寺車庫に憩う電車群。左から100型105、同108、300型303、500型502、300型302が並ぶ。これらの車両は単行運転用の100型を除き、すべて車籍を有していた。江ノ電にはこのほか600型と800型が在籍したが、この日は稼働中だった。当時の江ノ電は性能面ではすべて吊掛け駆動の旧性能車で運転されていた。なお、100型108は現在もこの極楽寺車庫で保存中。

江ノ島電鉄　新500型　極楽寺車庫　*2006.3.24*

江ノ電の最新型電車新500型。300型に代わる新型車両として江ノ電では初のVVVFインバータ制御とステンレス車体を導入。ただし、江ノ電伝統の緑とクリーム色の塗装は継承している。新500型は正式には「500型」だが、本書では12ページ下の500型と区別のため、新500型と記す。写真は3月27日の営業運転開始に備え、極楽寺車庫で待機する501＋551。

江ノ島電鉄　10型　鎌倉行き　江ノ島〜腰越　*2010. 5.19*

10型は江ノ電が開業95周年の1997年を記念して製造したレトロ調電車で、塗装は既存の江ノ電車両とは一線を画すべく紫系の紺色を基調とした「オリエント急行」色を採用している。形式も藤沢方を10型、鎌倉方を50型と2桁にしたあたりに復古調が感じられるほか、クーラーを内蔵した二重屋根や運転台下1基の前照灯は開業当時を強調。だが、江ノ電では初採用となるシングルアーム式パンタグラフや両開き窓の採用は現代の車両そのものである。写真は江ノ島からの併用軌道上を走り終え、手前の腰越駅に進入する鎌倉行き。

江ノ島電鉄　新500型　藤沢行き　腰越～江ノ島　2010. 5.19

夜の帳が降りて、人や車の往来もめっきり減った腰越～江ノ島間の併用軌道上を新500形の藤沢行きが江ノ島方面へゆっくりと走り去る。
夕方からの降雨に濡れた二本の軌条が美しく輝く。

箱根登山鉄道

　その名が示すように箱根登山鉄道は、わが国唯一の本格的登山鉄道で、特に山岳線の箱根湯本～強羅間は高低差が545mもある8.9kmの道程を、粘着鉄道としては最大80‰の急勾配と3か所のスイッチバックで登るのが路線としての特徴である。この箱根登山鉄道は、1888年に国府津～湯本間を結んだ小田原馬車鉄道を前身とする。同社は1896年に社名を小田原電気鉄道に改称し、1900年に馬車鉄道を電化。1372mmゲージのまま、電圧600Vの電気軌道になる。初期の京都市電などと同じように、運転台前面に窓のない単車が路面を走っていた。なお、この軌道線は関東大震災後の復旧に際し、1924年7月に1435mmに改軌される。

　その後、小田原電気鉄道は箱根の観光開発を目的に湯本～強羅間の鉄道建設を計画。同区間はスイスの鉄道などを参考に軌間は国際標準軌間の1435mmを採用し1919年6月に開業。山岳鉄道独自の装備が施された木造車チキ1型（のちのモハ1型）が投入された。ちなみに聞きなれないチキは地方鉄道の客車の意味である。そして、1928年1月に小田原電気鉄道は日本電力と合併するものの、同年8月には鉄道部門が分離し、箱根登山鉄道が創設される。当時小田原駅には国鉄と小田原急行鉄道（小田急）が乗入れていたが、東京から箱根へ行くには、小田原で下車し、駅前から箱根登山鉄道軌道線の電車で箱根湯本に出て、鉄道線電車に乗換えなければならなかった。この不便を解消するために、1935年10月1日に鉄道線の小田原～箱根湯本間の鉄道線（箱根登山鉄道平坦線）が開業すると同時に、小田原～強羅間の直通運転が実現する。これに伴い、箱根登山鉄道軌道線箱根板橋～箱根湯本間は廃止された。

　戦時中は陸上交通事業調整法により、箱根登山鉄道は小田急などとともに東京急行電鉄（東急）の傘下に入る。しかし、終戦後は東急から小田急などが分離されたため、箱根登山鉄道は今度は小田急の関係会社となり、その縁で1950年8月から小田急電車が、小田原～箱根湯本間の乗入れを開始する。この政策は観光鉄道である箱根登山鉄道の地位向上につながり、各地のローカル鉄道が沿線の過疎化や利用客のクルマへの移行で悩む中、小田急ロマンスカーと一体化して世界的観光地である箱根への一貫輸送を展開する箱根登山鉄道は、現在でも新車を投入するとともに、単線の鉄道としては限度とも思える日中も15分ヘッドの充実した運転を続けている。

箱根登山鉄道　モハ3型114　強羅行き　塔ノ沢～出山信号場　1975. 5.18

箱根登山鉄道の名所で、「出山鉄橋」と通称される早川橋梁を行くモハ3型単行の強羅行き電車。現在では3両編成が主体の箱根登山鉄道では考えられない半世紀近く前の風景である。この早川橋梁は早川の川底からは43mもの高さにあり、東海道本線の天竜川に架かる鉄橋を移設したもの。現存する鉄橋では日本最古といわれる。

箱根登山鉄道　モハ3型113　強羅行き　塔ノ沢〜出山信号場　1975. 5.18

左ページの早川橋梁を行くモハ3型を正面から長焦点レンズで撮影した写真。強羅行きの行先板も温泉マークとローマ字が入れられ、なかなか凝っている。モハ3型なのに車両番号は113号とされているのは、箱根登山鉄道としては初の半鋼製電車として1935年に製造された113〜115号をチキ3型と一括りの形式にしたのが理由。長年親しまれている箱根登山電車スタイルは、このチキ3型から始まるが、1997年までに廃車された。なお、チキの形式称号は1952にモハに改称され、現在に至る。

箱根登山鉄道　モハ1型101　小田原行き　箱根湯本～入生田　*1979. 6.22*

小田急ロマンスカーの終着駅でもあり、アーチ状のホーム屋根が特徴的な箱根湯本駅を発車したモハ1形101号の小田原行き。小田原城を
デザインした行先板を付けている。箱根登山鉄道平坦線の小田原～箱根湯本間は、軌間1067mm 1500Vの小田急電車が乗入れるため、撮影
当時軌間1435mm 600Vの箱根登山鉄道は、平坦線の三線軌区間では電圧を1500Vとし、600Vと1500V区間に対応できる複電圧車で運行を
行っていた。

桜満開の入生田～箱根湯本間を行くモハ2形
の110号ほか2連の強羅行き。モハ2形も木造
車の鋼体化車で、外観はモハ1形やモハ3形と
似ているが、観光客用にドア間は固定クロス
シートとしたので、窓配置は異なっている。平
坦線の中でもこの入生田～箱根湯本間は箱根
登山電車が車庫との出入りに利用するため、現
在も標準軌と狭軌の三線軌は残されている。

箱根登山鉄道　モハ1型103　強羅行き　箱根板橋〜風祭　*1983. 4. 9*

箱根登山鉄道平坦線を行くモハ1形の103号ほか2連の強羅行き。モハ1形は創業時の木造車を1950年に鋼体化した車両で、撮影当時101 〜 104・106・107号の6両が在籍し、最大の勢力を誇っていた。なお、平坦線は2006年3月から小田急電車だけの運行となったため、小田原〜入生田間の軌間は狭軌化された。

箱根登山鉄道　モハ2型110　強羅行き　入生田〜箱根湯本　*1983. 4.13*

出山信号場でのモハ1型同士の出会い。塔ノ沢〜大平台間にある出山信号所場は人里から離れた場所に位置し、客扱いは行われないが、電車がスイッチバックするので、乗務員が車両の前部から後部（あるいはその逆）に移動するため、幅の狭いホームが設けられている。

箱根登山鉄道　モハ1型104　強羅行き　出山信号場　1975. 5.18

箱根登山鉄道　モハ2型108　箱根湯本行き　上大平台信号場〜大平台　2009. 4.15

新緑に包まれた山岳線を行くモハ2型108号ほか3両編成の箱根湯本行き。国内の粘着鉄道では最急の80‰勾配があり、3か所のスイッチバックで起終点間を結ぶ登山鉄道に、L＝レベル（平坦）の勾配標識は馴染まないが、駅が近いせいだろうか。モハ2型108号は箱根登山鉄道創業120周年を記念して、2008年に鋼体化当時の金太郎の腹掛け塗装に戻された。

箱根登山鉄道　モハ2型111　小田原行き　大平台～出山信号場　1975.5.18

ツツジの花が咲くスイッチバック駅の大平台駅構内を後にするモハ2型111号ほか2両編成の小田原行き。モハ2型のうちこの111号だけはドア間の窓が5つで、モハ1型のような印象を受ける。箱根登山鉄道の電車は急勾配対策のため、運転台下に水タンク、屋根上に抵抗器を置き、いかにも登山電車らしいスタイルをしている。

箱根登山鉄道　モハ1型104　小田原行き　小涌谷〜宮ノ下　1979. 6.22

急勾配区間であるにかかわらず、意外と開けた感じがする小涌谷付近を行くモハ1型104号を先頭とする小田原行き電車。当時の箱根登山鉄道山岳線は2両が最長編成だった。104号は日本とスイスの両国旗を掲げているが、これは1979年6月1日に箱根登山鉄道とスイスのレーティッシュ鉄道が姉妹提携を結んだことに因むもの。線路脇に咲くアジサイも祝福をしているようだ。

箱根登山鉄道　クモハ1000型　強羅行き　出山信号場～大平台　*1983.4.13*

スイッチバックが連続する山岳区間を行くクモハ1000型「ベルニナ」2両編成の強羅行き。1981年に登場した戦後初の新車で、箱根登山鉄道しては初のカルダン駆動を採用したこの高性能電車は、観光路線を意識した全鋼製のスマートな車体とドア間の転換クロスシートで、それまでの箱根登山電車のイメージを塗り替えた。

箱根登山鉄道　クモハ1000型　強羅行き　大平台〜上大平台信号場　1981.7.17

箱根登山鉄道名物ともいえるアジサイの花が線路際まで咲き誇る山間を行く、製造後間もないクモハ1000型「ベルニナ」。都会派の観光
電車も、屋根にはクーラーではなく、在来車同様の抵抗器を積んでおり、本質的にはやはり登山電車そのものだった。

箱根登山鉄道　クモハ2000型　強羅行き　大平台〜上大平台信号場　2009.4.15

出山信号場からは三段式スイッチバックを形成する区間を行くクモハ2000型2006号以下３両編成の強羅行き。「サン・モリッツ号」の愛称を持つ2000型は箱根登山鉄道としては初の冷房車だが、同社の車両は床と屋根は機器で満杯のため、冷房装置は床に設置されているのが特徴である。この2006号からなる編成はスイスの氷河特急の塗装を施している。

鉄道車両での「ユ」の形式称号は、ふつう郵便車を指すが、箱根登山鉄道では有蓋貨車を意味していた。このユ１型は戦前・戦後は小田原市内の市場から生鮮食品を箱根山中の旅館への輸送や、工事用に使用されたが、1975年に廃車。撮影当時は入生田車庫で処分保留のまま留置されていた。

箱根登山鉄道 ム1型 クモハ1000型 入生田車庫　*1982. 8.27*

クモハ1000型は洗練されたスタイルと、観光電車にふさわしい居住性の良さが評価され、鉄道友の会から1982年のブルーリボン賞を受賞する。写真はブルーリボン賞の記念ヘッドマークを付けたクモハ1000型と、箱根登山鉄道の開業当初から在籍するオープン運転台の無蓋貨車ム1型とのツーショット。軽便鉄道を思わせる朝顔型連結器とポール集電の愛嬌あるこの木造車は1992年に廃車された。

箱根登山鉄道　ユ1型　入生田車庫　*1982. 8.27*

伊豆箱根鉄道大雄山線

　小田原～大雄山間9.6kmを結ぶ伊豆箱根鉄道大雄山線は、大雄山最乗寺（道了尊）への参拝客輸送を担う大雄山鉄道として、1925年10月15日に仮小田原（現緑町付近）～大雄山間が開業。当時都市から神社・仏閣への鉄・軌道は全国でも数多く存在し、大雄山鉄道もそのうちの一つだった。その10年後の1935年10月には大雄山鉄道が創業時からの念願にしていた小田原駅乗り入れが実現。国鉄や小田急電車に接続することで、全国の信徒にとってアプローチが便利になり大雄山鉄道は賑わった。その後、戦時体制の1946年8月、大雄山鉄道は同じ西武鉄道傘下の駿豆鉄道と合併し、駿豆鉄道大雄山線になる。そして、1957年6月の社名変更で駿豆鉄道が伊豆箱根鉄道に改称された結果、現在の伊豆箱根鉄道大雄山線が発足する。

　戦後の大雄山線は、参詣鉄道としての性格は薄れ、小田原市と南足柄市の生活路線としての色彩が濃くなる。いっぽう、沿線には大企業とその関連会社の工場や事業所が存在することで、通勤路線として賑わいを見せ、全線単線ながら交換駅の設備を活用した頻発運転が実施されている。車両は1970年代までは西武鉄道の支線といった感じのする国鉄型17m車の「赤電」で運転されていたが、架線電圧の1500V昇圧後の1984年から1996年にかけて、白地（またはステンレス地）にライオンズブルーのラインを施した5000系に一新されている。

伊豆箱根鉄道大雄山線　モハ150型153　大雄山行き　小田原駅　*1979.7.24*

小田原駅では大雄山線は南側に配置された頭端式ホームの1・2番線を使用する方式は、撮影当時も現在も変わらない。その2番線からはモハ153を最後尾とする3両編成の大雄山行きが発車する。当時は出自を国鉄とする17m電車で固められていたので、旧型国電ファンからも人気があった。窓周りをトニーベージュ、窓下と雨樋をラズベリーレッド色とした塗装は親会社である西武鉄道の通勤車と同一。

伊豆箱根鉄道大雄山線　モハ150型151　大雄山行き　穴部～飯田岡　*1979.10.16*

はさ掛けされた稲が見える酒匂川支流の狩川に沿った田園地帯を行くモハ151以下３両の大雄山行き電車。手前のモハ151は、前身が国鉄の鋼体化17m車のモハ50型で、西武鉄道クハ1311型を経て、伊豆箱根鉄道駿豆線にモハ50型として入線、大雄山線に移籍後はモハ150型となる数奇な運命をたどる。この車両は国鉄時代に正面貫通型として製造されたが、伊豆箱根鉄道では３両固定で使用されるため、非貫通型に改造されている。

伊豆箱根鉄道大雄山線　クハ180型185　大雄山行き　モハ150型156　小田原行き　五百羅漢駅　*1979.10.16*

全長9.6kmの大雄山線には途中10駅があり、そのうち五百羅漢・相模沼田・和田河原の３駅が交換設備を有する。写真は五百羅漢駅での交換シーンで、右の大雄山行きはクハ185＋モハ164＋モハ163のTcMMc、左の小田原行きは手前からモハ156＋サハ182＋モハ153のMcTMcである。このうちクハ185を先頭とする編成は、相模鉄道モハ2000型を経て、伊豆箱根鉄道に譲渡されている。正面３枚窓のHゴム支持や側窓のアルミサッシ化も相模鉄道で実施されており、国鉄の17m電車にはない近代的なスタイルだ。そのせいか、5000系と交替する1996年まで活躍が見られた。

伊豆箱根鉄道大雄山線　モハ150型161　大雄山行き　飯田岡〜相模沼田　*1986.12.29*

稲刈りやはさ掛けが終わり、わらぼっちが残る小田原・南足柄市境界付近の田園地帯を行くモハ161以下3連の大雄山行き電車。写真の
ような冬場の快晴の日は富士の秀麗を眺められそうだが、大雄山線の沿線では足柄山系の山々が遮り、和田河原付近などで、頂上に近い
部分が見えるだけなので、電車と組み合わせた写真撮影には工夫がいる。

伊豆箱根鉄道大雄山線　クハ180型181　大雄山行き　五百羅漢～穴部　*1979.10.16*

五百羅漢駅発車後、写真後方の小田急小田原線をアンダークロスし、大雄山方面へ北進するクハ181以下3連。大雄山線は緑町付近に半径100mの急カーブが存在する関係で、電車は長年17m車に限定されていた。そのため、「赤電」といわれるモハ150型一党では3か所の客用扉間の窓は4枚が標準である。しかし、このクハ181は横須賀線用2ドアクロスシート車のモハ32型を3扉化したため、客用扉間の窓は6枚という変わり種だった。正面妻面の一直線の雨樋が旧モハ32型の面影をよく残していたが、1930年製造の古参車であるせいか、5000系登場前の1980年に姿を消した。

伊豆箱根鉄道大雄山線　5000系5005ほか3連　大雄山行き　飯田岡～相模沼田　*1993. 2.12*

平成の世になっても国電タイプの17m車が走ることで、私鉄ファンよりも国電ファンから人気のあった大雄山線も体質改善のため、1984年になって初のカルダン車（高性能車）で、冷房付きの18m車5000系が登場する。最初の3両1本は鋼製だったが、増備車からはステンレス製となり、写真の1990年製第5編成からは車両の一部にクロスシートが採用される。この5000系の増備は1996年の第7編成まで続き、西武カラーの150型一党と交替。高性能車の活躍場となった大雄山線に昔を偲ぶすがはない。

伊豆箱根鉄道大雄山線　コデ66型66＋5000系　小田原行き回送列車　相模沼田〜飯田岡　*1993. 2.12*

大雄山線の「赤電」こと150型電車は新鋭5000系の増備により、交替するように1996年までに引退するが、その中にあってモハ66は両運転台車の便利さが受け、工事用や機関車代用に使用され、1992年には専用車として工事用電車を示すコデ66型に改称される。出自はモハ34型（のちクモハ12型 0番代）なので、側窓が大きく国電17m車の最後を飾るにふさわしい均整の取れた車両だった。5000系では唯一の鋼製車第1編成の大場工場への回送牽引の一齣。

大雄山線の終点大雄山駅には車庫と検査・修繕を行う分工場があり、大雄山線電車の塒（ねぐら）でもあった。しかし、車両も全般検査のような大掛かりな修繕となると、駿豆線の大場工場まで行かなければならず、それも大雄山線内は無動力となるため、線内ではコデ66が牽引した。写真は出庫を待つコデ66。正面スタイルは貫通路を使用しない"クモハ12・関東国電タイプ"の面影を残している。このコデ66は1997年に廃車され、大雄山線電車での「赤電」の歴史にピリオドを打った。

伊豆箱根鉄道大雄山線　コデ66型66　大雄山車庫　*1993. 2.12*

銚子電気鉄道

　現在、ローカル私鉄の大部分は沿線の過疎化やモータリゼーション進展による利用客の減少のほか、車両や施設の老朽化といった問題に直面し、経営苦から廃線に追い込まれる鉄道会社も少なくない。これはJRの地方交通線や第三セクター鉄道、大手私鉄のローカル支線とて同様である。

　そうした中にあって本書の銚子電気鉄道（以下銚子電鉄）は、大都市のバックボーンもない銚子〜外川間全長6.4kmの小私鉄で、沿線に観光客輸送が見込める犬吠埼が存在するものの、駅舎などの施設や車両が古く鉄道としての魅力に欠けたため、1950年半ば頃から利用客のバスへの移行が始まる。そして、それに輪をかけるように1965年1月には変電所の故障による送電不能が原因で電車が1か月も運休する事態に見舞われる。これらはすべて会社の資金難が原因で、そのため車両や施設の近代化は後回しとなり、鉄道事業廃止の話題が出るのも一度や二度だけのことではなかった。そこで、会社は赤字額の軽減のため、駅での「たい焼き」や「ぬれせんべい」などを販売する副業を開始。やがてインターネットによって知られるところとなり、会社は窮状を脱する。

　現在の銚子電鉄は社会的には食品会社として位置付けられているようだが、鉄道事業でも特典付き一日乗車券やクハ2501の車内を改装した「大正ロマン電車」の運転といったキャンペーンを行い、集客に努めている。こうした取り組みはローカル私鉄の再生策として、注目を集めている。

撮影当時はデハ300型とともに銚子電鉄の主力車両だったデハ200型201の正面スタイル。1924年製の京成電鉄荷物電車を改造した車両のせいか、飾り気などとは縁の遠いスタイルである。窓下にある前照灯は、次ページ上写真に見える床下のトラス棒とともに、木造電車だった当時の面影を残している。

銚子電気鉄道　デハ200型201　銚子行き　仲ノ町駅　*1977. 5. 1*

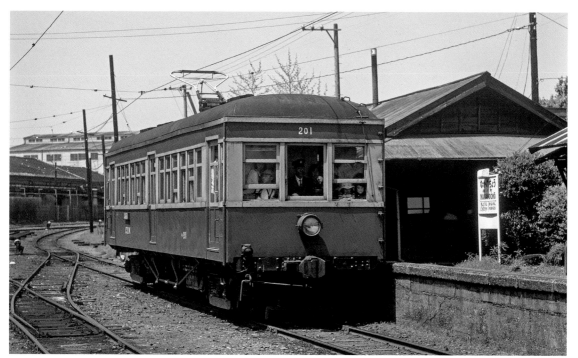

銚子電気鉄道　デハ200型201　外川行き　仲ノ町駅　1977. 5. 1

銚子を発車した外川行き電車はものの2分も経たないうちに次駅仲ノ町に到着する。本社のほか車庫や保線区、電気区などが置かれる銚子電鉄の中枢駅だが、当時でも施設や車両の老朽化が著しく廃線も噂されていた。原型の200型は木造のポール電車で、1970年代になって車体に鉄板を張って簡易鋼体化したというシロモノである。写真撮影当日はゴールデンウイークのせいか、電車は犬吠埼への行楽客で超満員のようだ。

銚子電気鉄道　ハフ1型2　銚子行き　外川駅　1977. 5. 1

撮影当時の銚子電鉄には電車4両以外にハフ1型と呼ばれる全長7m余りの木造2軸客車が在籍し、多客時間帯を中心に電車に牽かれて走っていた。写真はローカルムード満点の外川駅で、デハ200型に牽かれて発車を待つハフ1型2。

銚子電気鉄道　デキ３型　仲ノ町車庫　1986. 9.25

デキ３型３号は銚子電鉄のマスコット的存在で、全長約4.5mの小型電気機関車で1922年にドイツ・アルゲマイネ社で製造後、山口県の沖ノ山炭坑で使用。その後1941年に銚子電鉄に入線。おもに仲ノ町から分岐する醤油会社専用線の貨車の入換えに使用された。集電装置はトロリーポールを付けていたが、1967年にビューゲルに取替えられた。1984年の貨物輸送廃止後は、仲ノ町車庫で動態保存されているが、車籍は残している。そのため、車齢は100歳を超え、国内で現存する車両としては最長寿であると思われる。

デキ3型は1両の出力が
60kWと非力なことや、安
全面を考慮して本線での
自力走行は認められてい
ないが、人気車両である
のでイベントに駆り出さ
れることがある。写真は
終点の外川で展示中のも
ので、ビューゲルを高く
上げポーズをとっている
ようだ。

銚子電気鉄道　デキ3型　外川駅　2002.7.5

銚子電気鉄道　デキ3型　仲ノ町行き回送　君ヶ浜～海鹿島　2002.7.5

本線でのイベント終了後、外川～仲ノ町をデハ800型に牽かれて回送運転されるデキ3型。機関車が客車や貨車、あるいは無動力の電車を牽くのは当然であるが、機関車が電車に牽かれて走るのは前代未聞だ。さすがにデキ3型もビューゲルを降ろしているが、出力が約200kWのデハ800型はスピードが出ることで、安全確認のためか運転士も添乗しているようだ。

銚子電気鉄道　デハ300型　銚子行き　君ヶ浜～海鹿島　*1982. 5.15*

銚子電気鉄道　デハ300型　銚子行き　君ヶ浜～海鹿島　*1977. 5. 1*

上の写真と同じ区間を行くデハ300型301単行の銚子行き電車。300型は鶴見臨港鉄道（現・JR鶴見線）モハ110型として1930年に登場。同鉄道が国鉄に買収された後は、1951年に銚子電鉄に譲渡されるまで鶴見線で活躍していたので、銚子電鉄では唯一の買収国電である。銚子電鉄入線後、集電装置はトロリーポールを経てビューゲルに取り替えられるなど、銚子電鉄車の一員として完全に馴染んでいる。

銚子から市街地に沿って走り続けてきた銚子電
鉄の電車は、西海鹿島を過ぎると広々としたキャ
ベツ畑の中を行く。ここから犬吠までは海岸の
近くに線路が敷かれているものの、海と電車を組
み合わせた写真が撮りにくい銚子電鉄線にとっ
ては、絶好の撮影ポイントである。この付近は銚
子市の中心部から離れているとはいえ、後方の丘
陵では耕地開発とともに住宅地開発も盛んだ。

銚子電気鉄道　デハ300型　外川行き　観音～本銚子　1977. 5. 1

正面近くから見たデハ300型301のフォルム。単線架空式の架線の下の細い線路を行く年季が入った1両の電車は、ローカル私鉄を象徴す
る風景だ。銚子電鉄では最長の15m車体を有するデハ300型は収容力が大きく、重宝にされていた。銚子電鉄下り列車の行き先札には「犬
吠・外川行き」と記されているが、これは地元以外の利用客には外川駅の存在を知らない人が多いことが理由。

銚子電気鉄道　デハ800型801　銚子行き　君ヶ浜〜海鹿島　*1986. 9.25*

土壌伝染の影響か、立ち枯れの見られる松林をバックに走るデハ800型 801単行の銚子行き。本書で紹介する銚子電鉄の電車で、乗務員室とパンタグラフを装備するのは、この800型からである。800型は1950年の新製以来、伊予鉄道に在籍していた車両で、同鉄道ではモハ100型 106として３両固定編成を組んでいた。銚子電鉄にやってきたのは1985年だが、入線に当たっては両運転台化が実施されたため、銚子方と外川方では正面スタイルが異なっているのが特徴だ。

銚子電気鉄道　デハ700型702　外川行き・デハ700型701・デハ100型101　仲ノ町駅　*1982. 5.15*

車庫を併設する仲ノ町駅に停車するデハ700型702の外川行きと、車庫に休むデハ700型701。デハ700型は２両とも近江鉄道の電動貨車を鋼体化改造に際して電車化したモハ50型51・52が前身で、正面２枚窓が特徴だった。1978年の銚子電鉄入線に際しては両運転台化されたため、銚子方は２枚窓、外川形は３枚窓の別の顔をもつことになった。なお、写真右側の留置線で休むのは休車中のモハ101で、銚子電鉄では最古参の電車である。

銚子電気鉄道　デハ800型801　銚子行き　本銚子～観音　1987. 9.20

夏草が線路を覆う本線上を行くデハ800型 801単行の銚子行き。同じ車両でも44ページ上が正面貫通型（ただし扉は埋められているので通行不可）なのに対し、こちらは非貫通の３枚窓である。銚子電鉄では銚子方と外川方とで、正面スタイルが異なる車両は珍しくない。

銚子電気鉄道　デハ700型701　銚子行き　海鹿島～西海鹿島　2010. 4.11

デハ700型701のサイドビュー。銚子電鉄では、鉄道のイメージアップを図るため、1990年の夏から全電車に対し上半こげ茶色・下半赤へ
の塗装変更とヘッドマークの取付けが行われた。さらに1995年4月からは全線でワンマン運転が実施されている。2両目はゲームソフ
ト「桃太郎電鉄」のラッピングをまとったデハ1000型。

銚子電気鉄道　デハ700型701他3連　銚子行き　君ヶ浜～海鹿島　2010. 1.23

日中は単行運転ばかりの銚子電鉄線も朝夕は2両で運転されるほか、多客時には最大3両に増結されることもあった。写真はデハ701＋
デハ702＋デハ801からなる3両編成。在籍車両の少ない銚子電鉄では、旧型車は先頭がデハ700型701のように番号が分かると、残る2両
は扉数で形式と番号が特定できた。

銚子電気鉄道　デハ1000型　外川行き　笠上黒生〜西海鹿島　*1997.10.25*

腕木式信号機が残る難読駅の笠上黒生（かさがみくろはえ）駅構内を通過するデハ1000型1001単行の外川行き。デハ1000型は1994年8月に帝都高速営団（現・東京メトロ）から入線した電車で、銚子電鉄では初の全鋼製電車であり、高性能電車でもある。また、軌間が1067mmの銚子電鉄に、軌間と集電方式が異なる会社の車両が転入してくるのは初めてのため、1000型では集電装置のパンタグラフ化や主電動機と台車の取替えはもちろんのこと、単行運転に備え両運転化が実施された。

銚子電気鉄道　デハ700型　銚子行き　君ヶ浜〜海鹿島　*1986. 1.26*

朝焼け雲が茜色に染まった真冬の早朝。君ヶ浜付近を行く銚子行きデハ700型のシルエット。観光シーズンではなく、高校生の登校時間帯でもないため、乗員・乗客を合わせても数人しかいない。これが当時の国鉄なら、特定地方交通線の第一次か第二次の廃止対象路線に指定されていたことは確実で、東総の小鉄道は21世紀には存続していなかった可能性がきわめて高い。

銚子電気鉄道　デハ2000系　銚子行き　君ヶ浜〜海鹿島　*2015. 9.21*

1000型に次ぐ銚子電鉄2番目の高性能車として、初のMT編成を組む冷房付きの2000系2両編成が2010年に伊予鉄道から入線。年輩の私鉄ファンならお分かりのように、その前歴は京王帝都電鉄（現京王電鉄）京王線の2010系である。2010系は先頭車が、当時流行の湘南形マスクを持つMcTTMc編成だったが、伊予鉄道に譲渡後は短編成を組む必要上、T車をTc車に改造。その際、京王線5000系に類似した運転台が取り付けられた。そのため、2000系は銚子方のデハ2000型と外川方のクハ2500型とでは、元京王線車両ながら別個の顔を持つことになった。写真は旧銚子電鉄色のデハ2002＋クハ2502。

銚子電気鉄道　デハ1000型　外川行き　海鹿島〜君ヶ浜　*2010. 1.23*

営団地下鉄時代はオフィス街の地下を走っていた同社2000型にとって東総の小私鉄への転身は思いもよらなかったところだが、銚子電鉄デハ1000型と改称されて、海岸に近い田園地帯を1両で走る姿も意外と似合う。車長が16mで、サイズ的に銚子電鉄車両と合致しているからだろうか。しかし、冷房のない設備は時勢に合わなかったのか、2015年から16年にかけて廃車されてしまった。

銚子電鉄ページの殿（しんがり）に登場するのは、同社では最新鋭の3000系デハ3001＋クハ3501の編成。濃淡のブルーの境目に白いラインを施したいわゆる"濡つくし"塗装を施した車両だが、こちらも元京王電鉄の伊予鉄道経由組で、銚子電鉄へは2016年3月に入線している。京王線当時は5100系で伊予鉄道ではモハ710型とクハ760型を名乗るものの、先頭車同士だったので形態は当時と変わらず、端正な姿は製造時から50年にもなる車齢を感じさせない。

銚子電気鉄道　デハ2000系　外川行き　犬吠～外川　*2012.10. 8*

農業従事者が銚子特産のキャベツの苗植えを行う沿線を行くクハ2501＋デハ2001の編成。50ページ上の写真とで、正面マスクの違いが分かるが、同じ"京王5000系顔"でも写真下のデハ3001に比べ、車体裾に絞りがないので違いが分かる。この2000系第1編成は、1960年代の京王帝都電鉄の標準色だった薄緑である。なお、デハ2000系は正式にはデハ2000型だが、M車とT車で形式が異なるため、本書では2000系と表記する。

銚子電気鉄道　デハ3000型　銚子行き　君ヶ浜～海鹿島　*2017. 7. 8*

小湊鐵道

　内房線の五井から房総半島中央部の上総中野まで延長39.1kmに及ぶ小湊鐵道は、社名が示すように、1917年の創業当初は房総半島の腹部を横断し、外房海岸沿いの外房線安房小湊までの開通を目的としていた。そして、小湊鐵道線は五井から里見と月崎の2度にわたる部分開業を経て、1928年5月に五井～上総中野間の全通を迎える。しかし、当時の長期にわたる経済活動の低迷により、上総中野以南への延伸は中断。1934年8月になって国鉄木原線（JR木原線を経て現・いすみ鉄道）大原～上総中野間が全通し、曲がりなりにも"房総半島横断線"は完成した。だが、その時にはすでに房総半島との海岸線沿いを行く現・内房・外房両線が開通し、両線連絡の循環運転も実施されるなど、房総の鉄道は1910年代とは比較にならないほど便利さを増していた。そのため、小湊鐵道の延伸は話題にも上らなくなり、末端区間が閑散線区の同鉄道はローカル私鉄の道を歩む。

　ところで、ここ近年の『時刻表』小湊鐵道本文ページを読むと、五井発の下り列車は、その半分が上総牛久で折返し、以南に直通する列車も大部分が養老渓谷止まりなので、上総中野までの列車は1日数往復だけである。このダイヤは五井～上総牛久間は牛久方面から五井・千葉・東京への通勤輸送、五井～養老渓谷間は内房線を介した行楽・観光輸送、養老渓谷～上総中野間は純ローカル線の意味合いを有していることを如実に表現している。長年活躍を続けるキハ200型も車両更新期を迎えているので、2021年にJR東日本から入線したキハ40型以外にどのような車両が登場するのか、今後の旅客サービス面とともに注目したいものである。

小湊鐵道　キハ200型　五井行き　国鉄　キハ35型×2　大原行き　上総中野駅　*1981. 4.23*

小湊鐵道の終点上総中野は、撮影当時国鉄木原線の終点でもあった。写真は同駅で発車を待つ小湊鐵道キハ200型単行の五井行きと木原線大原行きのキハ35型2連。どちらもロングシート車だ。当時の上総中野駅は早く開業した方の小湊鐵道が業務を行う有人駅で、小湊鐵道と国鉄もそれぞれ自前の島式ホームを使用していた。

小湊鐵道　キハ200型　上総中野行き　上総鶴舞駅　*2003.12.20*

列車行き違いが可能な上総鶴舞駅に進入する上総中野行きの200型２連。上り方が県都千葉や東京に近い小湊鐵道ではラッシュ時には３両編成列車が見られるほか、最大４両編成も可能だ。小湊鐵道の主力気動車キハ200型は1990年から1993年にかけて冷房改造が実施されており、当該車両の正面助士席の窓上には「冷房車」のステッカーが添えられている。

小湊鐵道　キハ200型　上総中野行き　上総大久保駅　*2009. 3.19*

下校時の小学生が列車待ちをする上総大久保駅ホームに上総中野行きが到着。少子化により、列車利用の小学生も減少しているようだ。国鉄キハ20型の小湊版と言われるキハ200形もこの角度からは京成電鉄3100型や阪神電鉄の赤胴車に似ている。

小湊鐵道　キハ200型　上総中野行き　養老渓谷〜上総大久保　*1987.5.21*

小湊鐵道のハイライトといえる第四養老川橋梁を渡るキハ200型２連の上総中野行き。この橋梁を行く列車は1960年代に鉄道雑誌の撮影地ガイドにも取り上げられたことがあり、鉄道に対しての知識がある人なら大半が知っていると思われるわれるほど有名な場所でもある。小湊鐵道でもトップにランクされる行楽地で、夏場は河原でキャンプをする客で賑わい、紅葉シーズンには列車が最大４両連結で運転されるほどである。

千葉県は最高標高地点の愛宕山上でも海抜が408mしかなく、「日本で一番背が低い都道府県」として知られている。それでも房総半島の中央部を横断する小湊鐵道では、里見を過ぎると山間風景が展開し、トンネルも421mの大久保トンネルを筆頭に４か所を数える。国鉄時代の標準機関だったDMH17Cを現在も搭載するキハ200型は懐かしさとともに哀愁も残るエンジン音をひびかせながら勾配に挑む。

小湊鐵道　キハ200型　上総中野行き　キハ200型
月崎〜上総大久保　*2007.11.28*

小湊鐵道　キハ200型　五井行き　キハ200型　上総中野〜養老渓谷　2003.12.20

紅葉と落葉のシーズンも終え、2003年も残り僅かとなった師走の日、キハ200型2両編成が五井に向けて出発する。小湊鐵道の末端で沿線人口も過疎な上総中野付近では、小湊〜いすみ両鉄道を乗り継ぐ需要も僅少なので、撮影当時もこの区間の列車は平日1日あたり4往復しか設定されていなかった。

小湊鐵道　キハ200型　上総中野行き　高滝駅　*2002. 3.30*

満開の桜の大樹が旅客を迎える高滝駅に停車中のキハ200型2連の上総中野行き。市原市市内のこの駅は、以前2面2線のホームがあったが、棒線化とともに駅員は無配置になる。駅近くの高滝ダムでは毎年8月に花火大会が開かれ、ふだんは閑散とした駅も賑わいを見せる。

小湊鐵道　キハ200型　上総中野行き　キハ200型　里見駅　*2009. 4. 8*

桜とともに菜の花も咲き誇る里見駅に進入するキハ200型単行の上総中野行き。小湊鐵道に限らず気候が温暖な房総半島の鉄道では、桜と菜の花、それに列車を1枚の写真にまとめることは、さほど難しくない。列車の車窓からも色とりどりの草花の群生が見られるのは房総の列車旅の魅力で、楽しみでもある。

小湊鐵道　キハ200型　五井行き　月崎駅　2006. 4. 4

駅構内に桜花と菜の花が咲き乱れる月崎駅を発車するキハ200型2両の上総中野行き。逆光で山肌が濃緑色に見える背景に菜の花の黄色、桜のピンクがかった白、それに気動車の紫煙が微妙なコントラストを醸し出す。

小湊鐵道　保線用軌道バイク　月崎〜上総大久保　1999. 5.13

鉄道車両は華やかな特急型電車や特急型気動車だけではなく。普通列車用の車両や客扱いをしない貨車もある。しかも、目立たない場所で、レールの交換や線路の保守を担当するモーターカーの中には車両としての車籍を有さず、機械としての位置付けのままで生涯を終えるものもいる。写真の保線用軌道バイクもそのうちの1両で、車籍を示す記号や番号は付けられていない。それもそのはずで、ゴム製車輪に代わり鉄道用車輪を付けているもののどう見てもバイクそのもだし、川崎製バイクの主要部品を流用したアイデア作品といわれる。写真は小湊鐵道線山間部で保線に従事する保線用軌道バイク。小湊鐵道のこの裏方さんはファンの間で人気があり、限られた日数ではあるが、体験乗車なるイベントも行っているようだ。

小湊鐵道　キハ200型　五井行き　上総大久保駅　2009. 4. 8

満開の桜を撮影する家族連れの姿も見える棒線構造の上総大久保駅に到着するキハ200型単行の五井行き。次駅養老渓谷同様渓谷への最寄り駅だが、駅舎は小さい。小湊鐵道は起終点を含め18駅を有するが、以前は貨物営業を行っていた関係で、過半数の駅が交換設備を有

す。そのため、棒線構造の駅は上総三又・上総川間・上総久保・高滝・飯給・上総大久保・上総中野の７駅である。ちなみに小湊鐵道は、2020年までキハ200型が１形式だけで運行されており、1961年から1977年の長きにかけて製造されている。写真のキハ200 型203号は1963年製造なので、撮影当時でも車齢46年の古参車だった。

紅葉の美しい小湊鐵道の末端区間を行く五井行き。この紅葉の状況だと第四養老川橋梁を渡る頃の眺めは最高だろう。小湊鐵道のキハ200型は2扉車だが、通勤輸送対策として全車にロングシートを採用している。しかし、鉄道での長旅を苦にしないシルバー旅行者向けには、そろそろセミクロスシートでトイレ付きの車両を開発してもよいのではないかと思う。

小湊鐵道　キハ200型　五井行き　上総中野〜養老渓谷　*2003.12.20*

築堤にコスモスが咲く馬立〜上総牛久間を行くキハ200型2両の上総中野行き。この日は日曜日で、列車は自転車の車内持ち込みが可能な「サイクルトレイン」として運転。

小湊鐵道　キハ200型　上総中野行き　馬立〜上総牛久　*2010.10.24*

小湊鐵道　キハ200型　上総中野行き　上総牛久～上総川間　2007.12. 8

東京まで1時間余りで到着が可能な五井～上総牛久間では、上り列車はかなりの混雑をみせるが、上総牛久を過ぎると変哲もない一カル
鉄道そのものである。そのせいかキハ200型2両の上総中野行きも、師走の青空のもとをマイペースでのんびり走っている。

小湊鐵道　キハ200型　五井機関区　*2008. 1.14*

小湊鐵道の起点で内房線との接続駅である五井には、駅に併設して機関区が設けられており、小湊鐵道に在籍するキハ200型14両はここを塒（ねぐら）にしている。キハ200型の塗装は国鉄の一般形気動車に類似した上半クリーム、下半朱色なので、俯瞰すると1970年代に見られた国鉄の気動車区のようである。

小湊鐵道　保存蒸気機関車　五井機関区　*2008. 1.14*

小湊鐵道は未電化私鉄の大部分がそうであるように、蒸気鉄道として開業し、1950年代半ばまで貨物列車用に蒸気機関車が在籍していた。このうち開業時の1号・2号とB104の3両は千葉県有形文化財として、五井機関区で保存されている。

小湊鐵道　キハ5800型　五井機関区　*1981.11.29*

気動車ではキハ200型の活躍が光る小湊鐵道も、同型の登場前は国鉄からの払下げ車や、買収国電を気動車化した改造車など、様々な経歴を持つ戦前型気動車が活躍を続けていた。写真のキハ5800型5800は三信鉄道（現・JR飯田線三河川合〜天竜峡間）からの買収電車を気動車化した車両で、当時はキハ200型の進出で予備車的な存在だった。生まれが電車のため、電車用の台車を履いていた。車長は16.5mで、ローカル私鉄の車両としては均整の取れたスタイルをしている。

小湊鐵道　キハ5800型　キハ200型　五井機関区　*2008. 1.14*

上の写真が撮影された当時は車籍を残していたキハ5800型。その後1997年に除籍されたが、5800の車体は解体を免れ五井機関区で保存されている。写真はキハ200型とともに庫内で憩う姿だが、廃車後十数年が経過しているせいか、褪色が目立ち始めている。

いすみ鉄道

　いすみ鉄道は1988年3月24日に大原〜上総中野間26.8kmの国鉄〜JR木原線を第三セクター鉄道に転換し、再出発した鉄道である。しかし、鉄道が存続したといっても沿線には起点の大原（いすみ市）以外に都市が存在せず、目立った観光資源もないとあっては集客も期待できず、いすみ鉄道は木原線時代同様、純ローカル線としての道を歩むしかなかった。そのための合理化策として大多喜駅を除く全駅を無人化し、車両も製造コストや運転経費の削減のため、全列車を"LE-Car（レールバス）"によるワンマン運転とされた。だが、転換後も時間の経過とともに沿線住民のマイレール意識が薄れるのか、赤字経営が続き、いすみ鉄道は再び廃止の危機に襲われる。そうした中、ムーミン列車や旧国鉄急行型気動車を使用した「観光急行列車」や「食楽列車」を運転するほか、訓練費用700万円を自己負担する運転士養成制度など、前例のない取り組みに挑む。これらが功を奏したのか、いすみ鉄道は廃止を免れ、短編成の列車が房総半島中央部の野山を元気に駆けている。

いすみ鉄道　開業式　いすみ100型 大原行き　大多喜駅　1988.3.24

いすみ鉄道の開業式は、同鉄道の本社と車両基地（運輸区）が併設される大多喜駅で、多くの関係者を集めて挙行された。行事を祝福するかのように済みきっ青空のもと、くす玉が割られ、いすみ100型2両編成の大原行きが、新しい歴史の第一歩を記そうとしている。

いすみ鉄道　いすみ200型　大原行き　上総中野～西畑　*1992.10.22*

秋の短い陽が落ちようとする中、いすみ鉄道の末端部を"レールバス"または"LE-Car"と呼ばれる大原行き気動車が行く。房総半島中央部の上総中野付近は過疎地で利用客は少なく、車両の後方を見通しても乗客らしき人の姿は確認できない。この気動車は64ページ写真の車両と同一形式のはずなのに形式が100型と200型に分かれているのは、開業から4年の間にセミクロスシートだった100型の座席をロングシートに改造し、その際形式も200型に変更したのが理由である。

いすみ鉄道　いすみ200'型　上総中野行き　大多喜～小谷松　*2007. 11.18*

いすみ鉄道随一の撮影ポイントである大多喜付近の第四夷隅川橋梁を行く上総中野行き気動車。バックに見えるは大多喜城。走る列車はいすみ100型の内装等を2度にわたりリニューアルしたことで、いすみ2000型を経ていすみ200'型と改称されたが、外観的には100型や200型と称されていた頃と変わらない。

第四夷隅川橋梁を大多喜城から撮影した写真。車両は同じいすみ200'型でもこちらは大原行き。国鉄木原線時代から20年近い時間が経過したせいか、橋梁周辺の草木はかなり成長しているようだ。

いすみ鉄道　いすみ200´型　大原行き　小谷松～大多喜　2007. 11.18

いすみ鉄道　いすみ200'型　上総中野行き　東総元〜久我原　*2009. 4.8*

桜と菜の花に囲まれたメルヘンチックな房総半島中央部を行くいすみ200'型207単行運転の上総中野行き。大多喜以西のいすみ線には終点の上総中野を含め交換駅がないが、沿線民のマイレール意識が強いのか、当時も大多喜〜上総中野間では14往復の列車が設定されていた。写真の207号の貫通路には「なのはな」のヘッドマークが付けられている。

いすみ300型301のサイドビュー。いすみ300型の車長は16mだが、3mにも及ぶ広窓が2つも並ぶせいか、実車よりも長く見える。沿線の風景が格段に優れているとはいえないローカル鉄道でも、車窓風景を楽しむ旅はクロスシートに限るといったもので、広い窓から景色を独り占めにできるいすみ300型301はその点では最良の車両だ。

いすみ鉄道の車両は開業以来一貫して"LE-Car"で運転されてきたが、いすみ200'型も製造後20年以上を経過し、老朽化がめだってきたため2012年には代替新車としていすみ300型が入線する。"NDC（軽快気動車）"と呼ばれる車両で、"LE-Car"とは一線を画すかのように全長16mの車長を有し、車内にはクロスシートのほか、バリアフリー対応のトイレを有するなど、21世紀の通勤・通学、それに観光輸送対策も考慮した車両でもある。写真は城見ヶ丘～上総中川間を行くいすみ300型単行の大原行き。

いすみ鉄道　いすみ300型301　大原行き
城見ヶ丘～上総中川　2015. 5.28

いすみ鉄道　いすみ350型352　上総中野行き　国吉～上総中川　2019. 3.20

いすみ鉄道の気動車は2012年を境に"LE-Car"から"NDC"の時代に移るが、好評だったいすみ300型の増備車として2013年に入線したのがいすみ350型。16mの車長を有する"NDC"の仲間だが、他社では見られない国鉄キハ20型の顔を持つのが特色。これは、昭和の旅をイメージした観光客のニーズに通用する形として採用したとのことだが、実際には通勤・通学輸送を重視したせいか、車内にはロングシートとされ、トイレは省略されている。

いすみ鉄道　いすみ300型　大原行き　西畑〜総元　*2014. 3. 8*

いすみ鉄道　キハ20型1303　上総中野行き　上総中川〜城見ヶ丘　*2019. 3.20*

いすみ鉄道は2011年から2022年にかけてJR西日本から譲渡されたキハ52 125とキハ28 2346を使用して「観光急行列車」や「食楽列車」を運転した実績を活かし、2014年にはキハ20 1303を旧国鉄の復刻塗装で営業線によみがえらせる。実際にはいすみ300型か、いすみ350型の増備車となるべき車両を塗装はもとより、形式番号も旧国鉄のキハ20 1303を踏襲させたもの。実車は16mなので、国鉄のキハ20よりも短いが、写真でパッと見ただけではキハ20に瓜二つである。しかも、クロスシートのほか、バリアフリー対応のトイレ付きとあっては観光輸送に最適で、今後の活躍が期待される。いすみ鉄道の「遊び心」にも拍手を送りたい。

流鉄流山線

　私鉄には「小田急」や「江ノ電」のように路線の愛称（略称）で呼ばれている会社が多い。しかし、両社は小田急電鉄や江ノ島電鉄が正式名である。それに対し、本稿の「流鉄」は会社名そのものが流鉄株式会社であり、2008年に長年親しまれている路線の愛称がそのまま正式な社名となったという変わり種の私鉄でもある。

　この常磐線馬橋駅と流山市の中心部を結ぶ延長5.7kmの小私鉄は、沿線の味醂（みりん）や醤油輸送を目的に1916年3月に流山軽便鉄道として開業。国鉄線との貨車直通の便宜を図るため、1924年12月に1067mmゲージに改軌される。戦後は石炭などの燃料高騰のため1949年12月に電化されるが、自社新製の電車は現在まで1両もなく、すべて国鉄や他私鉄からの転入車で賄っているのも特色のひとつである。

　沿線は東京への通勤圏内にありながら開発の遅れもあり、1980年代前半まで、昭和初期製造の電車がのんびり走る光景が見られた。だが、そうした流鉄も沿線人口増加による輸送力増強のため、1978年からは西武鉄道の20m車が入線。各編成には車体色に因んだ車両名が命名され、現在にいたるまで所狭しとばかり走り回っている。この旧西武鉄道の電車は1950年代後半から現在にいたるまでに製造された歴代の20m級3ドア通勤車ばかりなので、西武501系からN101系に続く電車の形態や性能など、系譜を探ってみるのも趣味的に興味深いものである。

総武流山電鉄　DB1型　馬橋駅　1980. 8.10

電鉄会社のイメージが強い流鉄だが、流山電気鉄道時代の1952年に森製作所製DB1型ディーゼル機関車1両を新製していた。センターキャブを持つ車長はわずか5.5mの超小型機関車で、馬橋駅や流山車庫（検車区）での入換がおもな任務だった。1978年5月に廃車後も、馬橋駅構内で留置状態になっていた。撮影の翌1981年6月に解体されたと伝えられる。

総武流山電鉄　モハ1000型1002　馬橋行き　平和台〜鰭ヶ崎　*1981.7.14*

総武流山電鉄　クハ50型52　流山行き　平和台〜流山　*1980. 8.10*

総武流山電鉄流山線の終点流山駅に到着したクハ50型 52他2連。クハ52の後方はモハ1000型。何れも屋根上のクラッシックなお椀型ベ
ンチレーターが昭和初期の鋼製車の面影を伝える。写真の流山駅は1面2線の島式ホームのほか、側線2線を有するので同時に4本の列
車が進入可能。さらに駅構内には検車区も併設している。

総武流山電鉄　クモハ1200型以下３連　流山行き　鰭ヶ崎〜平和台　*1986. 8.16*

宅地化が進む総武流山電鉄線沿線にあっても緑が残る鰭ヶ崎付近を行くクモハ1200型以下３連の流山行き。クモハ1202を先頭とする「流星号」のオレンジ色に白線を配した塗装は1970年前後の流山線電車を彷彿させる。オレンジ色と「流星」との関連は不明だが、流鉄ではこの塗装をまとった編成を「流星号」とするようで、1200系「流星号」引退後は後継の2000系と3000系「流星号」が同じ塗装を継承している。しかし、5000系「流星号」は5000系運用の2021年１月からはオレンジ色地に白だったラインカラーを青に変更して運転されている。

総武流山電鉄　クモハ1200型以下３連　流山行き　鰭ヶ崎〜平和台　*1986. 8.16*

総武流山電鉄　クモハ1200型以下３連　流山行き　馬橋～幸谷　*1980. 8.10*

中古車とはいえ、銀色の塗装が目にも鮮やかな総武流山電鉄 クモハ1200型1207以下３連の「銀河号」が流山への新しい鉄路に一歩を踏み出す。車体色と満開のヒマワリとのコントラストが見事である。1200系は、それまでのモハ1000型などの在来車に比べ車体が斬新なので、沿線では大好評で迎えられたが、性能的には旧型車であるため、引退の時期も早かった。この「銀河号」編成も1995年11月に運転を終了した。

上の写真と同一区間を行くクモハ1200型以下３連の流山行き。写真のクモハ1209を先頭とする３両編成はグリーンの車体色から「若葉号」の車両名が命名されている。これら74～75ページに掲載される1200系は鼻筋の通った湘南形電車の流れを汲むスマートな車体を持つが、性能面では73ページのモハ1000型同様の旧型車で、当時の大都市圏を走る電車では常識の範疇でさえあった冷房装置の取付けもなかった。

総武流山電鉄　クモハ1300型以下２連　馬橋行き　平和台〜鰭ヶ崎　1994.11.29

晩秋の武蔵野を行くクモハ1300型以下２連の馬橋行き「なの花号」1300系は1200系と同様旧型車だが、２枚窓中央の柱は桟に進化を遂げたことや、性能が異なることで1200系とは別形式とされている。３両固定の1200系に対し、1300系は２両固定である点も相違する。「なの花」は千葉県の県花としてもおなじみだが、黄色地に緑のラインが入った塗装がこれほどぴったり似合う車両名はほかにない。

総武流山電鉄 クモハ3000型以下3連　流山行き　幸谷～小金城趾　2002.4.29

小金城趾付近を行く3000系3連の流山行き「流星号」編成。3000系は旧西武鉄道100系で、正面窓上に行先方向幕、窓下にステンレス製の飾り板が付いたスタイルは下の総武流山電鉄2000系（旧西武701・801系）と同じだが、旧西武鉄道100系は1969年の西武秩父新線直通用として新製されたため、150kWの大出力電動機のほか、電磁直通ブレーキを搭載しているのが特徴だった。また、旧型車両で運転されていた頃の流山電鉄線は起終点以外の駅は棒線構造のため、列車本数に制限が付きまとったが、1967年7月に小金城趾駅に交換設備が新設されたことで、輸送力は飛躍的に向上した。

上の写真同様に小金城趾付近を行く2000系2連の馬橋行き「青空号」編成。2000系は旧西武鉄道701系並びに801系で、正面窓上に行先方向幕、窓下に2灯の前照灯とステンレス製の飾り板が付いたスタイルは、1960年代の西武鉄道3ドア通勤車の標準仕様とさえなった。西武鉄道通勤型電車の新性能化は601系、冷房化は101系に次いで701系で導入されたため、総武流山電鉄では701・801系を譲り受けた2000系が初の新性能冷房車となった。

総武流山電鉄 クモハ2000型以下2連　馬橋行き　小金城趾～幸谷　2002.4.29

秩父鉄道

　羽生～三峰口間71.7kmの秩父本線と、武川～三ヶ尻間3.7kmの貨物専用三ヶ尻支線を有する秩父鉄道は、1901年10月に熊谷～寄居間が上武鉄道により開業という古い歴史を誇る。同鉄道は寄居からの線路を秩父まで延伸した直後の1916年2月に社名を秩父鉄道に変更。秩父地方は元来絹織物地帯だったが、武甲山の石灰石に着目した秩父鉄道は、1917年9月に秩父～影森間を延伸する。そして、輸送力増強のため1922年1月に熊谷～影森間を直流1200Vで電化。当時の関東地方では碓氷峠の横川～軽井沢間と東京周辺の国鉄電車区間と私鉄以外に電化区間が存在しなかったので、この電化は画期的な事業だった。

　その一方で、秩父鉄道は羽生～行田（現・行田市）間の北武鉄道を熊谷へ延伸のうえ1922年8月に合併する。そして、1930年3月には羽生～三峰口間の秩父本線が全通する。なお、秩父本線は戦後の国鉄高崎線電化に合わせ、1952年2月に1200Vから1500Vに昇圧される。戦後の秩父鉄道はセメント工業の事業展開に合わせ、1962年から1964年にかけ武川～熊谷工場（現・三ヶ尻）～籠原間の専用鉄道を敷設。この専用鉄道は上越新幹線工事に関連し、熊谷地区の貨物取扱集約のため熊谷貨物ターミナル建設計画が浮上したため、1979年10月に武川～三ヶ尻～熊谷貨物ターミナル間の三ヶ尻線に付替えられる。しかし、三ヶ尻～熊谷貨物ターミナル間は貨物列車の減少に伴い、三ヶ尻～熊谷貨物ターミナル間が2000年12月に廃止されている。

　こうして、石灰石やセメントを中心とする貨物鉄道の色合いが濃い秩父鉄道だが、沿線には秩父や長瀞の観光地を抱えることで旅客列車の運転も盛んだ。旅客用の電車は1922年の電化時に導入された木造ボギー車から1967年の500系まですべて自社製の新製車を投入。中でも1959年に製造された300系は当時の地方私鉄では珍しいクロスシートの高性能車で、今なお鉄道ファンの間では人気の高い車両でもある。高度成長期を過ぎた1979年以後は沿線の過疎化などによる利用客の減少もあり、在来車の老朽化に伴う代替車補充は、国鉄～JRや他私鉄からの譲渡車に依存しているのが現状である。一方、貨物輸送はトラックの進出で最盛期を過ぎているものの、電気機関車牽引の1000t輸送列車が見られ、今なお秩父鉄道の存在を示している。

秩父鉄道 デハ300型　三峰口行き　浦山口～武州中川　*1981.12.20*

終点の三峰口が近づき、山峡の鉄道の雰囲気が濃くなった冬枯れの秩父本線を行く三峰口行き急行「秩父路」。デハ300型は秩父本線の観光客輸送用に1959年に製造された20m級セミクロスシート車で、1969年10月14日の西武鉄道秩父線開業に対抗するかのように、同年10月1日から熊谷～三峰口間を約1時間で結ぶ座席指定急行「秩父路」に起用した。撮影当時の塗装は新製時と同じ、ベージュを基調に窓上の樋部分と裾部に茶色を配した秩父鉄道の標準色だった。正面下部のバンパーもなかなかお洒落で好感が持てる車両だった。

秩父鉄道 デハ500型　羽生行き　大野原〜黒谷（現・和銅黒谷）　*1981.12.20*

黒谷付近を行く500系4連の羽生行き。500系は秩父本線の普通列車用として1962年から1967年にかけて製造された20m級高性能車で、湘南型スタイルは先輩の300系に類似しているが、300系がMM´方式に対し、500系はMT方式で車内はロングシートで前照灯も2灯化されている。登場当初の秩父本線普通列車はデハ100系ばかりだったため、外観だけでは300系と遜色がない500系は沿線から好評で迎えられた。なお、黒谷駅は近くにある和同遺跡が日本で最初に銅が発掘された場所であるため、2008年4月1日に現駅名に改称された。

秩父鉄道 デハ500型　羽生行き　樋口〜波久礼　*1986. 8. 2*

荒川と国道140号に挟まれた畑作地帯を行く500系4連の羽生行き。当時秩父鉄道ではデハ100系を除く電車は塗装変更期に当たり、標準色から黄色を基調に茶色の帯（300系は青帯）を巻いた新塗装への塗り替えが盛んだった。写真は新塗装化された500系。

キンポウゲの花咲くのどかな風景の中を行くデハ100型ほか
４両編成の三峰口行き。撮影当時の秩父鉄道は300系や500
系といった高性能車は絶対数が少なく、戦後の1950年から
木造車の鋼体化名義で製造された17m車のデハ100系が主力
で、デハ100・クハ60・クハニ20・サハ60の４形式を合わせ
30両近い勢力を誇っていた。1963年からの車体更新により、
先頭車は中央の窓が大きいスタイルが特徴だった。

デハ100型　三峰口行き　永田～小前田　*1975. 8.20*

秩父鉄道 デハ100型　羽生行き　大野原～黒谷（現・和銅黒谷）　*1976. 2.14*

冬の淡い斜陽を浴びながら秩父路を行く100系４連の羽入行き普通列車。先頭と３両目が荷物合造のクハニ20であるのは、いかにも地域
密着のローカル私鉄にふさわしい列車編成だった。経年からか、標準色の塗装がやや汚れて見えるあたりが、かえって100系にはマッチ
しているようだ。

秩父鉄道 デハ100型　三峰口行き　黒谷 (現・和銅黒谷)～大野原　1976. 2.14

秩父本線長瀞を過ぎると荒川やその支流の鉄橋を渡るため、列車の撮影ポイントも多く年間を通じて鉄道ファンで賑わっている。和同黒谷駅付近の横瀬川橋梁もその一つで、トラス橋には古風な100系電車が良く似合った。当時の秩父鉄道は旧型の100系や高性能車の300系や500系など、電車はすべて秩父鉄道オリジナルの車両だった。21世紀には営業用電車はすべてJRや他社からの譲渡車に置き換えられてしまうとは、いったい誰が想像したことだろうか。

秩父鉄道 デハ800型　三峰口行き　黒谷（現・和銅黒谷）〜大野原　1981.12.20

81ページの写真と同じ横瀬川橋梁を行く800系4連の三峰口行き。1922年1月の熊谷〜影森間電化以来、電車はつねに自社製の新車が投入されてきた秩父鉄道も、100系の老朽化が目立ち始めてきた1979年からは方針を変更し、小田急電鉄から1800系（デハ1800＋クハ1850）10本の譲渡を受け、800系（デハ800＋クハ850）として普通列車に使用する。800系は車歴を遡ると、敗戦後の混乱期に小田急が国鉄モハ63型の割り当てを受けて導入した車両だった。小田急1800系時代の1957年から翌年にかけて車体更新を受け、新車同然の姿に生まれ変わったが、切妻の車体形状や吊掛け式の足回りはモハ63型そのものだった。写真は秩父鉄道標準色で活躍する800系。

秩父鉄道 デハ800型　三峰口行き　樋口〜野上　1986.8.2

東武鉄道 8000系　池袋行き特急「ちちぶ」・秩父鉄道　デキ100型　下り貨物列車　三峰口行き　波久礼駅　*1975. 8.20*

東京から近い距離に長瀞や秩父の観光地がある秩父鉄道沿線へは、撮影当時国鉄上野や東武鉄道池袋から三峰口方面への行楽列車が直通運転されていた。写真は波久礼駅に到着する行楽地からの帰宅客を乗せた東武鉄道8000系の池袋行き臨時特急「ちちぶ」と、デキ100型電気機関車が牽引する下り鉱石列車との交換。石灰石輸送と行楽客輸送の双方を受け持つ秩父鉄道を象徴するシーンでもある。なお、貨物列車が停車する3番線は旅客用ホームがなく、貨物列車専用の行違い並びに待避線である。

小田急時代の1800系から1000を引いた新番号が与えられ、秩父鉄道電車の一員となった800系は、その後の塗装変更で黄色を基調に茶色の帯を巻いた新塗装に塗り替えられた。800系は小田急1800系時代にも茶色→窓周りオレンジ、窓上と窓下がブルー→アイボリーを基調にブルーの帯と、2度の塗装変更を受けているので、4度目のこの塗装が結果として最後の塗り替えになる。私鉄割当てのモハ63型は当該会社での活躍を終えると、即廃車→解体の道をたどるのが通例だったが、小田急1800系は、その後も秩父鉄道800系として1990年まで活躍を続けることができた。

秩父鉄道　*83*

秩父鉄道 デハ1000型　三峰口行き　親鼻〜皆野　*2008. 3.28*

桜花爛漫の中を行く1000系3連の三峰口行き電車。1000系は鉄道にさほど興味のない人にでも分かるように国鉄〜JRで活躍した101系で、秩父鉄道で旧型のまま残るデハ100系と800系の置換えを目的に1986年と1989年の2度にわたり入線。デハ1000（旧クモハ100）＋デハ1000（旧クモハ100）＋デハ1100（旧モハ101）＋クハ1200（旧クハ101）の3両12本が揃い、秩父鉄道の主力形式の座に就いた。写真は鉄道博物館開館を記念して2007年に国鉄のラインカラーのうち、総武線色のカナリアイエローに塗り変えられたモハ1012を先頭とする編成。運転助士席側窓上の運行番号表示器には「ワンマン」の文字が貼られている。

秩父鉄道 デハ1000型　三峰口行き　野上〜長瀞　*2004. 4.29*

秩父鉄道 デハ1000型　熊谷行き・秩父鉄道 デハ500型　三峰口行き　波久礼　*1988. 5.14*

波久礼駅での1000系3連の熊谷行きと500系4連の三峰口行きとのすれ違い風景。1000系としては入線間もない頃の写真で、両形式とも黄色を基調に茶色の帯を巻いた新塗装を施し、正面には「秩父鉄道」の文字が入れられている。500系は高性能車だが、冷房取付けの計画がないため、当時は廃車の俎上に上がっていた。なお、秩父本線は旅客列車のほか、石灰石輸送を主体とする貨物列車も頻繁に運転されているため、西羽生・東行田・上熊谷・ひろせ野鳥の森・ふかや花園・浦山口・白久を除く各駅は交換設備を有していた。

秩父鉄道での活躍も板についてきた頃の1000系電車。当初新標準色だった塗り分けも、冷房改造とともにアイボリー地に濃淡の青と赤のラインが正面から側面にかけて施され、正面窓周りには黒い縁取りが入れられるなど、凛々しいものに変身している。

秩父鉄道 デハ1000型　熊谷行き　親鼻〜上長瀞　2004.4.29

長瀞ライン下りの観光客の姿も見える荒川橋梁を行く1000系3連の熊谷行き電車。101系も秩父鉄道にやって来てから15年以上の歳月が経過し、オリジナル塗装もすっかり風景に溶け込んでいる。101系のクーラーは両先頭車に取り付けられ、三峰口方のデハ1000には架線電圧の降圧対策用にパンタグラフが2基に増設されている。

地方私鉄の優等列車用車として優れた性能と設備を誇った300系電車は、有料列車は冷房が当然とされた1990年代になっても車両構造の関係で冷房改造が出来ず、1992年に運用を離脱。代替車として同年3月からJR東日本の165系3両3本が秩父鉄道に入り、熊谷〜影森間を中心にデハ3000（旧クモハ165）＋デハ3100（旧モハ164）＋クハ165（旧クハ165）の3両急行で活躍を開始する。秩父鉄道への転用に当たっては、同社のエース車両「秩父路エクスプレス」の愛称に恥じない車両を目ざし、正面の非貫通化や前照灯・尾灯の形状変更、旧国鉄直流型急行電車標準色から白と青を基調としたオリジナル塗装に変更するなどの改造が実施された。この3000系は観光・行楽客から好評を博したが、経年からの老朽化だけは如何ともし難く、2006年に廃車された。

秩父鉄道 デハ3000型　三峰口行き　樋口〜野上　*1994. 10.14*

秩父鉄道 デハ6000型　三峰口行き　樋口〜野上　*2013. 3. 3*

JR東日本165系改造の「秩父路エクスプレス」3000系は2006年に引退するが、それに代わって2005年から2006年にかけて登場した急行専用車が6000系である。秩父鉄道では歴代の急行車は300系と3000系とも自社ならびに国鉄で優等列車用クロスシート車とし設計・製造された車両だったが、3000系の後継を担う適当な車両が存在しなかったせいか、西武鉄道の通勤型電車N101系を購入し、急行用に改造して充てる方策が取られた。そのため、3扉車だったN101系の中央扉部分を埋めて大型の固定窓に改造して2扉車としたうえ、座席はロングシートから西武10000系特急更新に伴い発生したクロスシートに取り替えられた。この際、座席の向きは固定化されたが、リクライニング機構は残されているため、スライド式固定クロスシートというわが国では前例のない座席形態ができあがった。塗装は3000系を継承し、白をベースに窓周りと裾部が青とされ、正面窓部が黒く塗られ、正面の床下部分にはスカートも取り付けられるなど、改造車とはいえ優等列車にふさわしいスタイルになった。秩父鉄道では1999年12月から普通列車のワンマン化が実施されているが、6000系の投入で急行もその対象となり、2007年3月から「秩父路」も写真のようにワンマンの標識幕を付けて運転されている。

国鉄・JRや他私鉄から秩父鉄道へ移籍してきた電車には、本書で紹介した各形式のほか、東急電鉄7000系を1991年から約10年間ほぼ原形に近い形で使用した2000系がある。この2000系は地方私鉄へ譲渡された東急7000系の中で唯一の4両編成であることで注目されたが、冷房化やワンマン化改造が難しいことで運用を離脱。代替として1999年に登場したのが東京都交通局三田線用の6000系で、秩父鉄道入線に際し5000系に改称された。2000系は18m車のため、4両4本の勢力だったが、20m車である5000系では4両では輸送力が過剰気味なので3両とされ、以後の秩父鉄道電車の標準編成となった。入線により懸案だった冷房化とワンマン化を実現させた5000系は稼働25年に達する2024年の正月も、現役のままで迎えられそうだ。写真は彼岸花の咲く沿線を行く5000系3連の三峰口行き。

秩父鉄道 デハ5000型　三峰口行き　波久礼〜樋口　2007.10.4

1986年から入線した元国鉄101系の1000系は、秩父鉄道全電車の高性能化や冷房化、ワンマン運転化など、近代化や経営合理化に多大な貢献を果たしたが、長年の使用による老朽化により2014年までに引退した。1000系は36両の車両数を誇っていたため、新形式への置換えとなると一気にはいかず、1000系にとっては晩年となる2009年に東急8500系改造の7000系、翌2010年に東急8090系改造の7500系、2013年には同じ東急8090系からの改造ながら2両編成とした7800系が秩父鉄道に入線し、数年がかりで1000系と交替する方式がとられる。写真の7500系は東急大井町で活躍した軽量ステンレス構造の8090系がタネ車で、非貫通3面折妻の正面マスクと車体裾部から上部へ傾斜したたまご型の断面が特徴。東急では20m級大型車の地方私鉄も開始されているので、東急からの譲渡車は今後も勢力を増すものと考えられる。

秩父鉄道 デハ7500型　三峰口行き　波久礼〜樋口　2013.3.3

秩父鉄道 デキ1型　下り貨物列車　黒谷(現・和銅黒谷)～大野原　1981.12.20

沿線で石灰石を採掘する秩父鉄道は鉱石輸送が盛んで、撮影当時も貨物列車牽引用の電気機関車が25両在籍していた。写真は凸型スタイルのデキ1型5号。秩父鉄道が1922年の電化とととともに米国W.H社から輸入した機関車で、この成功がわが国の幹線電化の引き金になったという、歴史的にも価値のある機関車でもある。

秩父鉄道　デキ1型　影森駅　1975. 8.20

影森駅に停車中のデキ1型1号のサイドビュー。後方に見える山は標高1304mの武甲山で、その麓にはセメント砕石工場のホッパーが見える。武甲山は関東の名山として名高く、初心者にも容易く登れる山として人気があるが、その北側が石灰岩質のため、明治期より採掘が始まり、1970年代には採掘は中腹から山頂部に達したため、山の姿は年ごとに変貌を遂げており、その様子は東京都内からも判るほどだ。

秩父鉄道 ED38型　上り貨物列車　小前田〜永田　*1975. 8.20*

現在のJR阪和線の前身である阪和電気鉄道の貨物用電気機関車ロコ1000型1001〜1004号として1930年に4両が登場。阪和電鉄が南海鉄道合併を経て国家買収後の1952年、形式称号の改正で国鉄形式のED38型となり、戦後も阪和線で活躍を続けるが、小型高性能機ED60登場により1959年から1960年にかけ廃車される。このうち4号を除く3両は解体を免れ、1・3号は秩父鉄道、2号は大井川鉄道に譲渡され、2号はED105の新番号で、1・3号は旧国鉄のED38 1、ED38 3のままで新会社での貨物列車の仕業に就く。その後ED105は大井川鉄道の貨物輸送減少で廃車されたため、1967年に秩父鉄道が譲り受け、車両番号もED38 2に復す。こうした経緯をたどったED38だが、撮影時点の1975年では、出力の大きい秩父鉄道生え抜きのデキ100型101号以降の標準機に押されてか、重量の鉱石列車を牽く機会はなく、一般の貨物列車牽引が主だったようだ。

戦前製電気機関車としては珍しく、箱型で車体側面に乗務員室を持つED38が上り一般貨物列車牽いて波久礼駅側線に停車する。なお、波久礼駅は島式1面2線を上下旅客列車が使用し、貨物列車は側線というべき旅客用ホームのない3番線に入り、列車交換や先行する列車の通過待ちを行なう形態になっている。

秩父鉄道 ED38型　上り貨物列車　波久礼駅　*1975. 8.20*

デキ100型は、秩父鉄道の貨物輸送増加に伴い1951年から1956年にかけて製造されたデッキ付き箱型機関車で、写真の102号以後の車両は主電動機を200kWにアップされたほか、引張力・速度・自重・全長とも増しており、実質的には別形式としても差し支えない車両である。この102号は2011年5月のイベント時から車体を赤塗装とし注目を浴びたが、2014年6月の入場を機に元の青色基調の塗装に戻された。このデキ100型をはじめとする秩父鉄道の機関車が重量鉱石列車を牽く姿は、見ていても迫力があった。

秩父鉄道 デキ500型　下り列車　上長瀞～親鼻　*2012.12.20*

夕映えが荒川橋梁を行く鉱石列車を包み、デッキ付きのデキ500型電気機関車と石灰石運搬車ヲキフ100型・ヲキフ100型の見事なシルエットを作り出す。この付近の鉱石列車はセメント工場のある武州原谷か石灰石産出最寄りの影森に向かうため、実質的には空車回送であり、足音も軽やかだ。

秩父鉄道 デキ100型　下り列車　親鼻～皆野　*2012.12.20*

秩父鉄道 デキ500型　下り列車　樋口～野上　*2012.12.20*

秩父鉄道の電気機関車では最多の7両を有するデキ500型506号が石灰石列車を牽く。列車はヲキフ100＋ヲキ100×8＋ヲキフ100を2組連結して編成されるので、積車時の牽引重量は1000 t にも及び、JRでは幹線の直行型貨物列車並みである。
昨今、沿線人口の減少や少子化、道路網の整備でや地方私鉄を取り巻く環境は厳しいが、秩父鉄道に関しては石灰石輸送がある限り健在である。

秩父鉄道 C58 363　上りパレオエクスプレス　波久礼駅　*1988. 5.14*

セメント輸送の増大に対処するため古くから電化され、蒸気機関車とはさほど縁のない秩父鉄道だが、1988年3月から5月にかけて熊谷市で開催されたさいたま博覧会を機にSL列車を運転することになる。そして、吹上町立（現・鴻巣市立）吹上小学校校庭に保存されていたC58 363の車籍を復活させ、1988年3月15日からJR東日本高崎運転所の一般型客車4両を牽引し熊谷〜三峰口間で「パレオエクスプレス」の列車名で運転を開始する。写真は博覧会開催中の上り熊谷行き列車で、当時C58363煙室扉には「PALEO EXPRESS」のロゴが入れられるほか、炭水車にも「パレオエクスプレス」のマークが描かれるなど、蒸気機関車ではなかなか見られない派手な装飾が施されていた。

秩父鉄道 C58 363　下りちちぶじ号　浦山口～武州中川　*1999. 8.28*

「パレオエクスプレス」は都心から最も近い場所で見られるSLとして人気が高く、博覧会開催後も例年3月から10月までの土・日曜日を中心とした運転となり、秩父鉄道では電気機関車牽引の石灰石列車や有料急行「秩父路」とともに人気列車の1つとなる。牽引機のC58 363は運転開始当初は㈶埼玉県北部観光振興団の所有で、秩父鉄道が受託運行していたが、2000年に観光振興団が解散したことで、C58 363は秩父市の一時所有を経て、2002年から正式に秩父鉄道に車籍が移る。この間、客車も利用客から冷房化要求の高い12系座席車にグレードアップされる。写真はJR東日本高崎運転所から借用の一般型客車での運転時代としては末期のもの。煙室扉のロゴも「PALEO EXPRESS」から「ちちぶじ号」に変更されている。

東武鉄道熊谷線

　熊谷〜妻沼間10.1kmの東武鉄道熊谷線（切符発売での営業キロは14.3km）を、一口に言えば「戦争に振り回された不運な鉄道」である。太平洋戦争が激化した1942年に、群馬県太田市の中島飛行機へ利根川右岸の国鉄高崎線から工具や資材の鉄道輸送確保のため、軍の命令で国鉄高崎線熊谷〜東武鉄道小泉線西小泉間の建設が計画された路線だった。その第一期工事として1943年12月5日に埼玉県側の熊谷〜妻沼間が開業。建設費や車両新造費捻出のため、未電化とされ、舘林機関区の蒸気機関車B2型（27・28号）が同区間の工具輸送をピストン運転で行い、妻沼〜工場間輸送は東武バスが代行した。

　第二期工事といえる妻沼〜西小泉間は、利根川橋梁の予定地に橋脚を建設中に戦争が終決。これにより鉄道としての使命が失われた同区間の延伸工事は宙ぶらりんになってしまったが、治水上の理由ですぐに工事を中止できず、工事は橋脚部分が完成するまで継続された。この結果、利根川橋梁の予定地には29脚もの橋脚が残る結果になってしまった。

　飛行機工場への工具輸送が終了した熊谷線は一般の鉄道線になり、蒸気機関車が木造の付随車客車を連結した短い編成で走った。明治生まれのB2型は石炭の質との関係もあってスピードが遅いうえに、逆向きとなる上り列車ではさらに速度制限を受けるため、輸送力増強の足かせとなり、1954年2月からは新造のキハ2000型に交替する。これにより、熊谷線は列車のスピードアップと列車増発が実施され近代的な鉄道になるが、路線が行き止まり線であるうえに、軍事目的のため線路は沿線の人口密集地を無視して敷設されたことなどで通学客以外には利用客が集まらず、沿線のモータリゼーション進展の影響もあって旅客数の伸びはなかった。そして、1974年9月に妻沼〜西小泉間の免許が失効すると熊谷線は鉄道存続への梯子を外されたのも同然で、1983年6月1日の廃線を迎えることになる。

東武鉄道熊谷線　妻沼駅本屋　*1982.11.12*

熊谷線終点の妻沼駅は、人口約2万の埼玉県大里郡妻沼町の中心部に位置する。同駅は1943年12月の開業時と変わりのない有人駅で、乗務員や保線作業員の詰め所も設置されているため、駅舎は広いが盲腸線形態であるため、駅周辺は付近にある妻沼聖天山歓喜院の春秋大祭が執り行われる時期を除き、日中はひっそりしていた。駅舎周りのイブキとシュロの木が駅のシンボルと言えた。

東武鉄道キハ2000型 妻沼駅　*1981.7.11*

妻沼駅には杉戸機関区妻沼派出所が置かれ、熊谷線のキハ2000型3両が配置されていた。派出所に憩うキハ2000型の隣は開業の1943年12月から気動車化実施の1954年2月まで運行されていた蒸気機関車用の給水塔で、無煙化後30年近くを経過した当時も残されていた。ちなみに現在では妻沼駅近くの熊谷市立妻沼展示館にキハ2000型2002号が保存展示されている。

東武鉄道キハ2000型　熊谷行き　妻沼駅　*1981.7.11*

　旅客線ホームは1面1線だけの妻沼駅で発車を待つ熊谷行き。撮影当時は廃止問題が取りざたされていた時期だけに、列車はラッシュ時2両である以外は気動車の単行運転。しかも日中は40〜80分間隔だった。キハ2000型は東武鉄道が自社向けに製造した唯一の気動車で1954年2月から運転を開始する。全長16.5m、車幅2.6mの中型気動車で、湘南型の正面マスクや　上段をHゴムで固定した明かり窓には当時流行のデザインを取り入れていた。座席はドア間の5窓が固定クロスシートだが、背すりは低く、手すりの取付けもないため、居住性はさほど良くなかった。しかし、運転室部分には乗務員扉がない分、助士席側は正面窓部分までロングシートとなっており、利用客からは格好の展望席として人気があった。

東武鉄道キハ2000型　熊谷行き　妻沼～大幡　1982.11.12

熊谷～妻沼間は起終点駅を含め、全駅とも交換設備がないが、車両基地のある妻沼から熊谷までの続行運転を可能とするため、通票閉そくが採用され、その関係で腕木信号機も残されていた。こうした、ローカル鉄道を象徴するような設備はもちろん、キハ2000型の活躍も1983年6月の廃線により過去の情景となった。

東武鉄道キハ2000型 妻沼行き　大幡〜妻沼　1982.11.12

開けた風景が続く大幡〜妻沼間を行くキハ2000型単行の妻沼行き列車。1両だけの列車にいいところ10人前後の乗客数では鉄道廃止問題が浮上しても致し方ないところだろう。キハ2000型も末期のセイジクリーム色1色塗装は評判が良くないが、この写真では真っ青な空と、手前に咲く赤いケイトウの花とともに、見事なコントラストを醸し出している。

東武鉄道キハ2000型・2連 熊谷行き　妻沼～大幡　*1982.11.12*

地元では下り方の行き先から「妻沼線」と呼ばれる熊谷線列車は、朝夕の通勤・通学時間帯は2両で運転される。この角度からはクロスシートの様子がよく分かる。そのキハ2000型の塗装は1961年当時、上半ベージュ、下半ライトブルーの東武鉄道急行（快速）塗装だったが、その後通勤車の標準色となるベージュ地に窓周り朱色の通称地下鉄日比谷線色に変更、1975年からはセイジクリーム色1色とされ、ほぼ同時期に正面の前照灯も写真のような2灯になったことで、新製時の端整な姿は失われている。

東武鉄道キハ2000型　妻沼行き　大幡〜妻沼　1982.11.12

利根川支流の福川橋梁を渡るキハ2000型2001号単行の妻沼行き列車。川幅や橋梁の長さに気動車のサイズがぴったり合うようで微笑ましい光景である。キハ2000型は蒸気機関車牽引の熊谷線の合理化を狙い1954年に東急車輌で製造された中型気動車で、国鉄キハ17系の流

れを汲んでいるものの、液体式総括制御で自動扉取付けのほか、ノーシル・ノーヘッダー車体を採用するなど、当時とすれば近代的な車両だったが、その反面、エンジンは120PSのDMF13で、運転台は両端とも非貫通で単車運転が主体といった中途半端さも伺える車両だった。この東武キハ2000型と同形態の車両として加越能鉄道のキハ120型があるが、こちらは同鉄道の廃止後鹿島鉄道キハ420型として活躍したロングシート車である。

東武鉄道キハ2000型　熊谷行き　妻沼～大幡　1981.7.11

ヒメヒマワリの花が暑さを倍化させる沿線をマイペースで走るキハ2000型の熊谷行き。列車からすぐ傍の線路際を歩行することは現在ではご法度だが、撮影当時は生活道路や近道として線路際を歩く人が多く、鉄道会社も自己責任として黙認していることが多かったようだ。

水田地帯を行く2000型単行の熊谷行き。東武鉄道熊谷線は太平洋戦争中に軍事目的で敷設された路線であるため、勾配やカーブは極力抑えられているのが特色で、写真の勾配標識も20‰ではなく2.0‰である。もっとも20‰だったら、非力なキハ2000型では自力走行は苦しかったものと思われる。

東武鉄道キハ2000型　熊谷行き　妻沼～大幡　1981.7.11

東武鉄道熊谷線は熊谷駅では秩父鉄道と同じ5番線に入線し、そのまま妻沼に折り返す。つまり、熊谷駅では同じ島式ホームの5番線側下り方を熊谷線列車、上り方を秩父鉄道本線羽生～熊谷間区間運転列車が使用し、熊谷線と秩父鉄道用東武鉄道熊谷線の間には衝突防止のため、写真のような車止めが設置されていた。

東武鉄道キハ2000型　妻沼行き　熊谷駅　*1981. 7.11*

西武鉄道山口線

　1980年4月当時、路線延長178.3kmの西武鉄道にあって、1984年5月14日の営業休止まで唯一762mmゲージの未電化路線であった鉄道が山口線である。この山口線は当初西武鉄道の遊戯施設の扱いで、多摩湖ホテル前（後に西武遊園地を経て遊園地前）〜上堰堤（かみえんてい）間2.5kmが開業。蓄電池機関車のB1型が幌屋根・開放式の1型客車を牽き「おとぎ列車（おとぎ電車とも言われる）」と呼ばれた。翌1951年9月16日、日本の国際連合教育科学文化機関（UNESCO）加盟を記念して設置されたユネスコ村まで路線が延長され、利用客が減った上堰堤駅は山口信号所に格下げ。さらに1952年7月15日、多摩湖ホテル〜ユネスコ村間3.6kmを地方鉄道として登記。ここに同区間は西武鉄道山口線となり、運輸省監督下の公共輸送鉄道となる。同時に機関車もB11型が加わり、輸送力増強が図られたが、運転体系は以前と変わらず、「おとぎ列車」の名称もその後も使用され、運賃もその他の西武鉄道路線とは別建てとされた。

　この山口線が脚光を浴びるのは、1972年の日本の鉄道100周年を機に蒸気機関車の運転が企画され、同年6月に頸城鉄道自動車の2号機が入線、翌1973年9月には井笠鉄道の1号機も同社の客車ともども加わり、本格的な軽便鉄道の雰囲気を味わえるようになったからだ。

　こうして山口線は蒸気機関車の活躍もあり観光輸送に大きな貢献を果たしたが、1980年代になると施設・車両の老朽化に加え、多摩湖線から西武ライオンズ球場へのアクセス輸送改善も問題となった。そこで、山口線列車の運転を1984年5月14日に休止し、新交通システムの案内軌条式鉄道への改修工事が実施される。それが完成した1985年4月25日、山口線は西武遊園地〜西武球場前間2.8kmを結ぶ三相交流750V電化の案内軌条式鉄道に生まれ変わり、現在では8500系レオライナーの活躍の場となっている。

西武鉄道山口線　1型2号、2型1号、B11　山口線検車区　1977. 3.15

西武遊園地駅付近の山口線検車区で待機する山口線の機関車群。手前から1型2号「謙信号」、2型1号「信玄号」、蓄電池機関車のB11。このうち旧頸城鉄道の1型2号は1976年11月28日に山口線での最終運転を終え、写真撮影後の1977年5月9日に所沢工場で頸城鉄道時代の姿に戻された後、新潟県上越市の頸城鉄道自動車に返還されるので、これが西武時代最後の写真となった。

西武鉄道山口線　2型1号　西武遊園地（後の遊園地前）　*1977. 3.15*

1型2号「謙信号」に続き山口線SL第2号として1973年9月にやってきた旧井笠鉄道からの2型1号。1913年10月にドイツのコッペル社で製造されたB型タンク式蒸気機関車で、同じコッペル社の1型2号と一緒に活躍することで「信玄号」の愛称が付けられた。車体長は約5m、重量は約9ｔと762㎜ゲージの機関車としても小柄な部類だが、降水量が少なく水不足になりがちな瀬戸内地方で使用するため、このサイズの機関車としては両側面に大型の水タンクを持ち、蒸気ドームも大きいのが特徴だった。2型1号とともに井笠鉄道の古典客車も入線したため、2両の蒸機がそれぞれ最大4両の客車を牽くことが可能となり、西武山口線の"SLブーム"はいやが上にも盛り上がりを見せた。

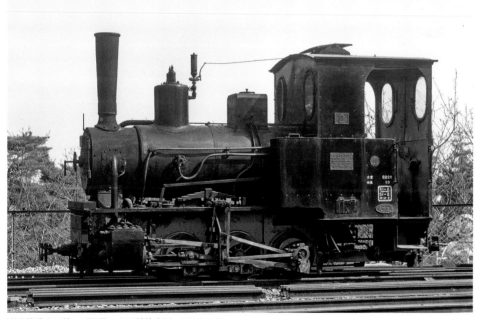

西武鉄道山口線　1型2号　山口線検車区　*1977. 3.15*

1966年5月に頸城鉄道自動車全線で引退運転を行った1型2号が国鉄長野工場での整備を終え、「日本の鉄道100周年」を機に1972年5月24日に西武山口線に入線。6月3日から6年ぶりの本線運転に奇跡の復活を果たした。当時は「おとぎ列車」用幌屋根付きのオープン客車を牽引しての運転だった。復帰から5年近くが経過した1977年3月、1型2号は西武鉄道が台湾から購入した5型蒸気機関車と交替し、故郷の新潟県に返還が決定する。写真は当時のもので山口線では最後の公式写真となる。1型2号は2型1号と同様、ドイツのコッペル社の製造だが、2型1号より早い1911年製造のC型タンク機で、こぢんまりまとまったスタイルの蒸機だった。

西武鉄道山口線　2型1号 ユネスコ村行き　山口信号所〜ユネスコ村　*1976.10.31*

旧井笠鉄道の2型1号「信玄号」がバック運転で牽引するユネスコ村行き列車。後に続く赤色の木造客車も旧井笠鉄道からやってきた車両だが、2型1号が借入車なのに対し、客車は同社からの譲渡車で西武鉄道籍になっている。それはともかくとして、井笠鉄道で蒸気機関車が引退したのは1961年10月なので、2型1号は12年半ぶりにかつて牽いていた車両を牽引する機会に巡り合ったわけである。写真はのどかな狭山丘陵をバックにバック運転で走る2型1号の姿で、1型2号「謙信号」同様、大正生まれのコッペル社製蒸機が、同年代に製造された木造客車を牽く姿は本来の軽便鉄道の姿そのものであり、文化的にも高く評価された。

西武鉄道山口線　2型1号 ユネスコ村行き　西武遊園地（後の遊園地前）　*1976.10.31*

西武鉄道山口線　1型2号　ユネスコ村行き　西武遊園地（後の遊園地前）～中峯信号所　1974.5.3

西武遊園地～中峯信号所の急カーブを行く1型2号牽引のユネスコ村行き列車。山口線は西武遊園地からユネスコ村に向かって一方的な緩やかな上り勾配で、非力な小型コッペルが煙をいっぱいに吐きながら登っていくのは、勾配よりも、利用客数が多く、客車の重量がかさんでいるのが理由だと思われる。この年は106ページの写真とは異なり、ユネスコ村行きが正位（前向き）運転とされている。また、この列車の客車はダブルルーフのオープンデッキだが、機関車側への立入りを未然に防ぐためか、貫通路には保護柵が取り付けられていた。

端頭式ホーム2面2線を持つ山口線の起点西武遊園地駅を発車する2型1号牽引のユネスコ村行き列車。1両目の客車は井笠鉄道当時の気動車に類似した朱色に白線の車体で、腰板の様子からも木造車であることがよく分かる。国鉄から営業用蒸気機関車が撤退した当時、蒸機とのコンビが最も似合ったと言われる木造客車が現役を張っているのは、この西武鉄道山口線だけである。なお、この写真では蒸気機関車はユネスコ村行きが逆向きだが、年によっては正位（前向き）運転になることもあった。なお、山口線には転車台の施設がないため、蒸気機関車の方向転換はトラックで所沢工場への入出場時に行なわれていた。

西武鉄道山口線　B11型西武遊園地行き　2型1号ユネスコ村行き　山口信号所　*1977. 4. 3*

起点駅の駅名が西武遊園地であること、「おとぎ電車」の名称を持つ蓄電池機関車が一般の鉄道よりも狭い762㎜ゲージ幌屋根の開放型
客車を牽くことで、鉄道ファン以外には遊園地の遊戯施設にしか映らない（実際に開業時は遊戯施設だった）山口線は、1952年9月に多摩
湖ホテル前（後の西武遊園地を経て遊園地前）〜ユネスコ村間が地方鉄道に登記変更され、同時に西武鉄道山口線と改称された。そのた

め同鉄道は池袋線などと同格の鉄道である。この山口線が地方鉄道にふさわしい姿を見せるのは、信号所を含む駅職員や列車乗務員の制服が一般の西武鉄道線と同じであることや、単線であるため閉そく方式は、狭山線や上水線、多摩川線と同じ通票方式を採用していたことである。そのため、中峯・山口両信号所では、列車交換時には運転士（機関士）と助役がタブレット交換をするシーンが1984年5月の営業休止時まで見られた。写真はB11型牽引の西武遊園地行きと2型1号牽引のユネスコ村行きとの交換シーンである。

西武鉄道山口線　2型1号 ユネスコ村行き　中峯信号所～山口信号所　1977. 4. 3

沿線が桜の花で埋め尽くされる山口線の急カーブを行く 2型1号牽引の ユネスコ村行き。この中峯～山口両信号所間はゴルフ場と周囲道路との境界を走る線形であるせいか、桜の季節以外はさほど作品が多くない。撮影当時相方の 1型2号は頸城鉄道自動車への返還が決定し、休車状態だったため、廃止私鉄から借り入れ中の蒸気機関車は 2型1号だけとなっていた。しかし、この機関車も1977年11月の運転を最後に井笠鉄道に返却される。現在は故郷に戻り、旧井笠鉄道新山駅跡にある井笠鉄道記念館に保存されている。

山口線でのSL運転に活躍してきた旧頸城鉄道の 1型2号と旧井笠鉄道の 2型1号は両社からの借用車であり、車齢からもそう長い期間の活躍は期待できないため、西武鉄道は代替車として台湾渓湖糖廠から 5型527号と532号を購入する。この 2両は既存蒸機同様ドイツのコッペル社製で、製造が527号が1922年、532号が1928年である。しかし、これらの 2両は軸配置が従輪付きのC1配置で全長は 6 m、重量も15tと既存の 1型2号と2型1号に比べ、ひとまわり大きいため、そのままでは入線が無理で、1976年度冬季の蒸機列車運転終了後にトンネルを撤去し、切通しに変更するなどの施設改良が実施されたため、運転開始は1977年 3 月19日からとなる。写真は 5型532号牽引のユネスコ村行き列車。機関車もやや大きく見える。

西武鉄道山口線　5型532号 ユネスコ村行き　中峯信号所～山口信号所　1979. 4. 4

西武鉄道山口線　B11型　ユネスコ村行き　中峯信号所～山口信号所　1977. 4. 3

西武山口線は1972年に蒸気機関車が入線してから鉄道ファンのみならず、全国的にも知られた存在になるが、それ以前は全長5m前後の蓄電池機関車が幌屋根の開放型客車（現代風に言えばトロッコ客車）を牽く、遊園地の乗り物と変わらない軽便鉄道だった。撮影当時、山口線検車区にはB1型1両、B11型5両の計6両の蓄電池機関車が配置されており、3月から11月にかけては蒸機列車と併用で運転されていた。写真は山口信号所に進入するB11型牽引の「おとぎ電車」で、B1型が正面2枚窓で角ばった凸型だったのに比べ、B11型は3枚窓で丸みを帯びた3枚窓のマスクが特徴だった。山口線は通票閉そくのため腕木信号機が設置されているが、なぜか一般の鉄道線に比べ背が低い。

【著者プロフィール】
諸河 久（もろかわ ひさし）
1947年東京都生まれ。日本大学経済学部、東京写真専門学院（現・東京ビジュアルアーツ）卒業。
鉄道雑誌社のスタッフを経て、フリーカメラマンに。
「諸河 久フォト・オフィス」を主宰。国内外の鉄道写真を雑誌、単行本に発表。
「鉄道ファン／CANON鉄道写真コンクール」「2021年 小田急ロマンスカーカレンダー」などの審査員を歴任。
公益社団法人・日本写真家協会会員　桜門鉄遊会代表幹事
著書に「オリエント・エクスプレス」（保育社）、「都電の消えた街」（大正出版）、「総天然色のタイムマシーン」（ネコ・パブリッシング）、「モノクロームの国鉄蒸機　形式写真館」・「モノクロームの国鉄情景」（イカロス出版）、「モノクロームの私鉄原風景」（交通新聞社）、「路面電車がみつめた50年」（天夢人）、「EF58 最後に輝いた記録」・「1970年代～80年代の鉄道　国鉄列車の記録 北海道編」（フォト・パブリッシング）など多数がある。2023年5月にイカロス出版から「モノクロームで綴る昭和の鉄道風景」を上梓している。

【解説者プロフィール】
寺本光照（てらもと みつてる）
1950年大阪府生まれ。甲南大学法学部卒業。小学校教諭・放課後クラブ指導員・高齢者大学校講師を経て、現在はフリーの鉄道研究家・鉄道作家として著述活動に専念。鉄道友の会会員。
著書に「明治～現在 鉄道地図をくらべて楽しむ地図帳」（山川出版社）、「これでいいのか夜行列車」（中央書院）、「新幹線発達史」「国鉄・JR関西圏近郊電車発達史」「国鉄・JR悲運の車両たち」（JTBパブリッシング）、「ブルートレイン大全」「国鉄遺産 名車両100選」（洋泉社）、「JR特急の四半世紀」「国鉄・JRディーゼル特急全史」「列車名大事典 増補改訂版」（イカロス出版）、「153系電車が走った東海道電車急行」（フォト・パブリッシング）など多数がある。

【掲載作品選定・ページ構成】
寺師新一

【掲載作品CMYKデータ　デジタルリマスター】
諸河 久

【路線解説・掲載写真キャプション】
寺本光照

【編集協力】
田谷惠一・篠崎隆一・月岡 忠

1970年代～2000年代の鉄道
地方私鉄の記録
第1巻【南関東編】

2024年2月7日　第1刷発行

著　者………………諸河 久（写真）・寺本光照（解説）
発行人………………高山和彦
発行所………………株式会社フォト・パブリッシング
　　　　　　　　　　〒161-0032　東京都新宿区中落合 2-12-26
　　　　　　　　　　TEL.03-6914-0121　FAX.03-5955-8101
発売元………………株式会社メディアパル（共同出版者・流通責任者）
　　　　　　　　　　〒162-8710　東京都新宿区東五軒町 6-24
　　　　　　　　　　TEL.03-5261-1171　FAX.03-3235-4645
デザイン・DTP ………柏倉栄治（装丁・本文とも）
印刷所………………サンケイ総合印刷株式会社

ISBN978-4-8021-3440-8 C0026

本書の内容についてのお問い合わせは、上記の発行元（フォト・パブリッシング）編集部宛ての
Eメール（henshuubu@photo-pub.co.jp）または郵送・ファックスによる書面にてお願いいたします。